MINISTÈRE DE L'ÉDUCATION NATIONALE
ET DE LA CULTURE
DIRECTION DES ÉCOLES

COLLECTION
**UNE ÉCOLE POUR L'ENFANT
DES OUTILS POUR LES MAÎTRES**

L'éducation artistique à l'école

CENTRE NATIONAL
DE DOCUMENTATION
PÉDAGOGIQUE

SAVOIR LIVRE

En 1985, six éditeurs réfléchissant ensemble à l'avenir du système éducatif — dont ils sont des acteurs et des observateurs attentifs — et à la place du livre et des autres supports pédagogiques ont créé l'**Association Savoir Livre**.

Il s'agit des éditeurs : **BELIN, BORDAS, HACHETTE, HATIER, MAGNARD, NATHAN**.

Savoir Livre a l'ambition de susciter études et rencontres sur l'éducation et les moyens pédagogiques, de participer au débat social sur l'accès à la lecture et à la culture, enfin, de développer et faire connaître toutes les initiatives qui tendent à former mieux et plus les citoyens du monde.

À ce titre Savoir Livre publie certains ouvrages spécialisés (catalogue sur demande au siège de l'Association : 40, rue Grégoire-de-Tours - 75006 Paris).

Couverture : SG Création
Composition et mise en pages : Éditions Éole

HACHETTE - 79, boulevard Saint-Germain - F 75006 Paris.
CNDP - 29, rue d'Ulm - F 75005 Paris.

ISBN : 2.01.020687.8

Avant-propos

L'éducation artistique, à l'école primaire comme dans l'ensemble du cursus scolaire, a une double visée esthétique et culturelle :
- esthétique, au sens étymologique du terme : explorer le monde à l'aide de tous ses sens avec émotion, intelligence et sensibilité ;
- culturelle, au sens où elle favorise la rencontre avec les lieux et les objets reconnus comme porteurs de valeurs, et la possibilité, pour l'enfant, de développer sa réflexion critique, sa capacité de comparaison entre des œuvres qu'il convient de rapprocher, de confronter ou d'opposer.

Parce qu'elle accueille des enfants de toute origine et de tout milieu social, l'école se doit de ne pas faillir à son rôle de formation culturelle, formation nécessaire à la réduction des écarts sociaux : la rencontre avec l'objet qui étonne, avec d'autres sensibilités, d'autres modes d'appréhension du monde, à travers des créations contemporaines ou passées, incite au respect de chacun dans la pluralité des expériences, des productions, des démarches et des cultures.

L'enfant a besoin de tout son être pour apprendre et pour comprendre. À travers l'éducation artistique et culturelle, l'enfant développe sa pensée rationnelle et analytique pour structurer sa sensibilité, se fixer des repères et former son jugement. Mais plus qu'ailleurs, il a recours à d'autres stratégies. L'intuition, l'imagination, l'invention, l'exploration ludique, l'essai de production en grandeur réelle développent des compétences qui complètent et consolident les approches réflexives et notionnelles des domaines de l'école.

L'intelligence intuitive et imaginative, l'adaptabilité à des situations ouvertes sont aujourd'hui dans la formation d'un individu des éléments déterminants.

Dans le cadre d'un même cycle, il est très important de prévoir des liens et des cohérences entre les différents domaines où l'enfant peut développer ses compétences esthétiques. De façon transversale, des concepts communs sont mis en œuvre qui ont toujours à voir avec la composition et l'organisation des productions en vue d'obtenir des effets différents : rythme de composition, contraste, densité, dispersion, répétition, variations...

Si elle n'est pas le lieu exclusif des apprentissages artistiques, l'école demeure le lieu des apprentissages nécessaires à l'élaboration des significations. Le maître, en fonction du projet d'école, dans le cadre d'un travail d'équipe (au sein d'un cycle, d'une école, ou d'un regroupement pédagogique), en plus des connaissances et de l'aide qu'il apporte aux enfants pour structurer leur apprentissage, assure la mise en cohérence des informations multiples que l'enfant est amené à recueillir dans l'école et au-dehors. Sa fonction est essentielle, tant dans son rôle d'enseignant que dans les actions en collaboration que nécessite tout partenariat. Ce partenariat peut notamment prendre deux formes particulières :

- intervention ponctuelle ou régulière de professionnels extérieurs, dans une démarche d'ensemble pilotée par le maître (atelier de pratique artistique) ;
- recours à un spécialiste qui offre son expérience et son terrain pour des activités en dimension réelle qu'on ne peut mener à bien à l'école (classe culturelle).

Le partenariat repose sur le souci d'une meilleure efficacité de l'éducation artistique, il introduit une conception nouvelle des apprentissages.

Pour le maître, il implique une recherche sur le contenu, les modalités et la complémentarité de ses interventions et de celles du professionnel culturel.

Et si l'école reste évidemment le maître d'œuvre de cet enrichissement de l'action éducative, la confrontation des points de vue, des compétences et des langages modifie positivement les représentations, les pratiques, les savoirs et les savoir-faire au bénéfice des élèves. Le rapprochement systématique d'une école et d'une institution artistique et culturelle (jumelage) peut utilement démultiplier et prolonger les effets de l'éducation artistique dans le sens du développement des pratiques culturelles. La complémentarité, par une confrontation des points de vue, des compétences, des langages, permet l'enrichissement de l'action éducative, dont l'école doit rester le maître d'œuvre.

L'éducation artistique a aussi pour finalité de développer la conscience du rôle et de la place de l'art dans la vie de chacun. Cela implique, chez les élèves, comme chez les maîtres, une réflexion sur leurs pratiques courantes (télévision, lecture, musique, cinéma, ...) ou plus ponctuelles (spectacles, musées, ...) et un engagement personnel des enseignants.

Le Directeur des Écoles

A. LEGRAND

UN DOSSIER PRATIQUE POUR AIDER LES MAITRES

Le présent dossier pédagogique présente de façon concrète des séquences de travail pour l'école primaire. Afin d'aider les maîtres, trois domaines artistiques sont proposés :
l'éducation musicale, les arts plastiques, le théâtre et les activités dramatiques[1].

Trois équipes différentes ont participé à la rédaction de cette brochure. Il est apparu souhaitable que chaque groupe conserve l'expression propre à ses textes. Le maître pourra ainsi découvrir la spécificité de chaque domaine artistique présenté avec une sensibilité différente.

1. Le théâtre (et les activités dramatiques) a été retenu, parmi d'autres domaines possibles, dans la mesure où il s'agit d'une discipline artistique spécifique dont on perçoit assez clairement les liens qu'elle entretient avec d'autres arts et avec les acquisitions langagières.

Éducation musicale

L'écoute musicale :

- à partir de *Mâât* (Henri Fourès) / des œuvres
- à partir de *Solitude Transit* (Luc Ferrari) / des notions

Arts plastiques

La démarche pédagogique d'une séquence d'arts plastiques :

- à partir d'images
- à partir de l'objet
- à partir de l'œuvre d'art

Théâtre et activités dramatiques

- Introduction aux activités dramatiques et au théâtre
- Réception du spectacle théâtral
- Activités d'initiation pratique :
  · travail à partir d'un objet
  · jeu et dramatisation d'un texte

Sommaire

ÉDUCATION MUSICALE

ARTS PLASTIQUES

THÉÂTRE ET ACTIVITÉS DRAMATIQUES

ANNEXES

ÉDUCATION MUSICALE

Ont participé à ce chapitre « Éducation musicale » :
Gérard Authelain
Alain Desseigne
Jean Férole
Jacques Germain
Jacqueline Kolesnikov
Jean-François Larrouze
Philippe Lavis
Roger Muh
Agnès Puissilieux
Jacquotte Ribière-Raverlat

Introduction : L'éducation musicale à l'école

■ *« On ne fait pas de musique à l'école ? » !*
L'éducation musicale est un enseignement obligatoire, et il est reconnu que la musique est essentielle au développement harmonieux des enfants.

■ *Quelles sont les raisons majeures pour faire de la musique à l'école ?*

Pour beaucoup d'enfants, l'école est le seul lieu d'accès à des pratiques culturelles, artistiques et scientifiques diversifiées. L'école est un lieu où se crée une culture commune, construite et organisée.

■ *Pourquoi pratiquer des activités musicales ?*
Elles permettent d'affiner les possibilités de perception et d'expression.
Elles concourent à une éducation globale et équilibrée.
Elles donnent aux futurs adultes l'expérience du beau et développent leur sensibilité esthétique.

Programmes et instructions de 1985 et
Fiches-compléments du 15 mai 1985.

■ *Et lesquelles ?*

Tout au long de sa scolarité, l'enfant est amené à pratiquer des activités dans les domaines suivants :

L'ENFANT

LA VOIX
- exploration des ressources de la voix parlée et de la voix chantée
- travail de la respiration, prise de conscience des résonateurs
- interprétation de chants à une voix, à plusieurs voix
- pratique de chœurs parlés et de jeux vocaux
- création de chansons

L'ÉCOUTE
- sensibilisation au monde sonore environnant
- écoute de fragments d'œuvres musicales
- analyse de l'organisation d'éléments sonores : répétition, transformation, succession, simultanéité, ...
- productions sonores
- analyse et reconnaissance des caractéristiques du son : timbre, intensité, grain, hauteur, ...

LE CORPS
- repérage dans l'espace et dans le temps : jeux chantés, jeux dansés, comptines, jeux de doigts, danses (du folklore au rap), ...
- reproductions et improvisations rythmiques

Ces activités conduisent à la maîtrise des notions de pulsation, tempo, rythme...

LES CODAGES
- codage de productions sonores réalisées par les enfants
- codage d'éléments constitutifs d'œuvres écoutées : repérage, mémorisation, analyse
- recours éventuel à la notation usuelle (solfège)
- ouverture sur les écritures contemporaines

LE JEU INSTRUMENTAL
- utilisation de corps sonores, d'instruments fabriqués en classe, d'instruments manufacturés
- exploration et recherche sonore
- construction de séquences sonores : création d'atmosphères, accompagnement de poèmes, paysages sonores, ...
- réalisation et invention d'accompagnements rythmiques et mélodiques de chansons
- interprétation de pièces musicales

La démarche à adopter associe **écoute**, **interprétation** et **création**.
Une pratique régulière dans chaque classe garantit l'efficacité et la cohérence de l'éducation musicale (volume horaire moyen : une heure par semaine).

■ *Peut-on envisager trois heures de musique hebdomadaire ?*
— Oui, pendant un temps limité, si cela s'avère nécessaire. Cette possibilité permet d'accorder une place à des réalisations musicales produites par les enfants, leurs enseignants et éventuellement des intervenants associés à l'école (festival de chansons, comédie musicale, clip vidéo, émission radio, disque...).
— Oui, si c'est un point fort, permanent du **projet d'école**.

Arrêté du 1.08.1990

Les équilibres horaires des enseignements peuvent en effet être modulés en fonction des activités développées dans chaque discipline.

Cette souplesse et cette liberté peuvent conduire à des « aventures musicales extraordinaires ».

■ *La musique est-elle une discipline mineure ?*
Le développement des facultés intellectuelles a lieu en interaction avec les activités perceptives parmi lesquelles les activités musicales tiennent une place importante. En relation avec les autres disciplines, l'éducation musicale participe également à l'acquisition des compétences transversales.

L'enseignant

Tel un chef d'orchestre, l'enseignant du 1er degré règle les détails d'une partition intitulée « polyvalence du maître », œuvre en 3 cycles pour 25 à 30 jeunes exécutants.

Cette polyvalence est une richesse du système éducatif ; elle est source de cohérence, mais également de difficulté. Au sein de l'école les enseignements sont en constante évolution.

Les arts et leurs pratiques, qui reposent en partie sur la notion de modernité et d'invention, sont en première ligne de ce mouvement.

Il semble donc nécessaire d'envisager de plus en plus l'éducation musicale des enfants dans une perspective d'ouverture de l'école à l'art contemporain.

L'équipe pédagogique

Outre ses compétences disciplinaires, l'enseignant est de plus en plus appelé à instaurer des collaborations avec des partenaires, à l'intérieur aussi bien qu'à l'extérieur de l'école.

Les différentes activités pratiquées en classe (cf. tableau p. 11) peuvent être d'une part, l'objet d'échanges de compétences entre les maîtres et d'autre part, l'occasion de rencontres avec le monde professionnel de la musique : chanteurs, compositeurs, instrumentistes, ensembles musicaux divers (*big band* de jazz, orchestre symphonique, harmonie, groupes traditionnels...).

Pourquoi proposer ces documents ?

Assurer une éducation musicale fondée sur des pratiques régulières pose parfois des problèmes aux enseignants.

La cassette « Écoute musicale » et les documents d'accompagnement sont des réponses possibles. Ce matériel pédagogique ne couvre toutefois pas l'ensemble des domaines de l'éducation musicale.

À qui s'adressent-ils ?

Cet « outil pédagogique » est directement utilisable par chaque maître.

Il trouve aussi sa place dans un dispositif cohérent qui comprend :

- les actions de formation initiale,
- les actions de formation continue,
- les actions menées par les instituteurs-maîtres formateurs spécialisés.

Les conseillers pédagogiques en éducation musicale ont la mission d'aider les maîtres à mener une éducation musicale pour les enfants de leur école.

B.O. n°1 (3.01.1985) et
Note de service n° 84-483 du 14.12.84.

Pourquoi privilégier l'écoute ?

Être à l'écoute est une compétence essentielle à développer en classe.

Certes les activités d'écoute et de production ne sont pas la propriété exclusive de l'éducation musicale et elles sont transférables d'un champ disciplinaire à l'autre.

Il s'agit surtout de développer une attitude et une démarche qui touchent aussi bien l'enseignant que les enfants, ce qui n'est pas sans rapport avec les méthodes employées dans les autres disciplines.

Les documents musicaux présentés ici ont été conçus dans cette perspective avec le souci de rendre ces activités plus accessibles à de nombreux enseignants.

Présentation

L'ÉCOUTE MUSICALE

L'audition d'œuvres musicales ne devient véritable écoute que dans la mesure où, pour l'enfant, elle s'appuie sur une réelle motivation. Celle-ci peut résulter d'une approche qui associe systématiquement écoute et production. Remarquons que ce type de motivation s'apparente au rapport que le musicien entretient avec l'œuvre qu'il interprète ou qu'il crée, et qui le conduit aussi à articuler étroitement deux activités : écouter et produire.

Le choix des œuvres à faire écouter doit répondre à un souci constant de diversité : « [...] de toutes époques, de différents styles et de diverses origines [...] » (*Programmes et instructions*, 1985).

Les productions des enfants peuvent soit découler d'une écoute, soit la précéder : elles exploiteront un ou plusieurs éléments du discours musical, ainsi que leur agencement.

Sans viser la complexité, le maître veillera à la qualité musicale de ces productions : richesse et variété des matériaux sonores utilisés (voix, instruments, objets sonores...), écoute critique aidant à leur amélioration (l'enregistrement de leurs propres productions permet aux enfants une ré-écoute et une analyse plus pertinente).

Cette interaction entre **écoute** et **production**, point d'ancrage d'une pédagogie de l'écoute, provoque des phénomènes de mémorisation — reconnaissance, attente — et conduit l'enfant à s'approprier le fait sonore, assurance d'un réel **plaisir musical**.

ORGANISER L'ÉCOUTE EN CLASSE

I. LE GROUPE-CLASSE

1. Travail avec toute la classe

Ne pas hésiter à aménager, pour les besoins de l'écoute, un espace permettant :

- de renforcer la cohésion du groupe,
- d'écouter, de bouger, d'écrire (affichage),
- de se voir pour mieux communiquer lors des expérimentations-jeux.

2. Travail en petits groupes

L'éclatement en petits groupes permettra des travaux de recherche.

II. LE MAGNÉTOPHONE

1. Son rôle

Il facilite :

- la fixation des moments de production pour mieux les analyser,
- l'établissement des relations entre la classe et l'extérieur (autres classes, familles...).

2. Conseils pratiques

- Utiliser des cassettes de courte durée (des catalogues spécialisés, à usage scolaire, proposent des cassettes de deux fois dix minutes).
- Casser les languettes pour éviter les effacements malencontreux.
- Utiliser de préférence un micro directionnel, le placer près de la source sonore afin d'avoir un meilleur rapport signal-bruit, c'est-à-dire plus de son et moins de souffle.
- Laisser un silence de trois secondes en début et en fin d'enregistrement afin d'éviter les coupures brutales et de faciliter le montage par copie.
- Réaliser des montages par copie avec un appareil double-cassette.
- Les petits magnétophones à cassette ont souvent un haut-parleur insuffisant. Si nécessaire, ajouter un haut-parleur extérieur qui améliore la qualité de l'écoute.

III. LE COIN-ÉCOUTE

1. Ses fonctions

Installé en permanence, il accueille des petits groupes ou des enfants seuls :

- au cours d'une séquence d'éducation musicale,
- lors du travail en ateliers différenciés,
- en accès libre.

2. Son organisation

- Utiliser un casque ou, mieux, un répartiteur de casques permettant l'écoute à plusieurs.
- On peut y stocker des cassettes, les répertorier et instaurer un système de prêt.

COMMENT UTILISER LA CASSETTE

La cassette « Écoute musicale » est structurée autour de deux œuvres musicales. À l'intérieur de chaque partie, l'organisation est différente.

- Première partie : autour de « Mâât » d'Henri Fourès.
Cette œuvre sert de fil conducteur. La démarche amène à écouter d'autres **œuvres musicales** qui font chacune l'objet d'une fiche proposant une activité avec les enfants.

<u>*Nota :*</u>  renvoie systématiquement à l'écoute de la cassette.

- Deuxième partie : autour de « Solitude Transit » de Luc Ferrari.
Cette œuvre est analysée par Mme Pétinot, professeur à l'université de Lyon II, qui en dégage un certain nombre de **notions**. Ces notions sont illustrées par d'autres exemples musicaux et font l'objet chacune d'une fiche d'exploitation.

Quelques conseils

- La cassette est un outil de travail pour le maître utilisable dans tous les cycles de l'école primaire. Il est vivement conseillé d'écouter d'abord la cassette avant de la réécouter en se reportant au document écrit.
- Les fragments musicaux sont directement utilisables en classe. Les notions abordées seront judicieusement renforcées par l'écoute d'autres œuvres musicales (cf. la rubrique « D'autres écoutes »).
- Prendre le temps d'explorer les fiches d'exploitation de la cassette. Chaque fiche est à exploiter sur plusieurs séances.

CASSETTE ÉCOUTE MUSICALE*

1re partie : Écoute à partir de *Mâât* - H. Fourès

Face A

N° 1 A - H. Fourès *Mâât* (extrait 1), p. 19
N° 2 A - 1re production d'enfants, p. 19
N° 3 A - 2e production d'enfants, p. 19
N° 4 A - 3e production d'enfants, p. 20
N° 5 A - A. Drame : *Soko et Také* (extrait), p. 21
N° 6 A - I. Xenakis : *Pithoprakta* (extrait), p. 23
N° 7 A - M. Davis : *All blues* (extrait), p. 24
N° 8 A - 4e production d'enfants, p. 24
N° 9 A - J.-S. Bach : *L'offrande musicale*, canon à quatre (extrait), p. 26
N° 10 A - H. Fourès : *Mâât* (extrait 2), p. 26

2e partie : Écoute à partir de *Solitude Transit* - L. Ferrari

Face A

N° 11 A - L. Ferrari : *Solitude Transit* (extrait 1), p. 28
N° 12 A - B. Parmegiani : *De Natura Sonorum* - « Matières induites » (extrait), p. 31
N° 13 A - L. Ferrari : *Solitude Transit* (extrait 2), p. 31
N° 14 A - Productions d'étudiants IUFM : trames vocales, p. 32
N° 15 A - L. Ferrari : *Solitude Transit* (extrait 3), p. 32

Face B

N° 1 B - Cl. Debussy : *Nocturnes pour orchestre* - « Fêtes » (extrait), p. 34
N° 2 B - Production d'enfants (jeu de déplacement avec des galets), p. 35
N° 3 B - L. Ferrari : *Solitude Transit* (extrait 4), p. 35
N° 4 B - Cl. Monteverdi : *Vêpres de la Vierge* - « Magnificat » (extrait), p. 36
N° 5 B - L. Berio : *Sinfonia* - 3e mouvement (extrait), p. 39
N° 6 B - L. Ferrari : *Solitude Transit* (extrait 5), p. 40
N° 7 B - L. Ferrari : *Solitude Transit* (extrait 6)
N° 8 B - Production d'enfants : Trame avec des papiers secoués et impacts, p. 32
N° 9 B - L. Berio : *Sinfonia* - 2e mouvement « O King » (extraits)
N° 10 B - L. Ferrari : *Solitude Transit* (extrait 7)
N° 11 B - L. Ferrari : *Solitude Transit* (extrait 8)

* Voir « Références des œuvres », p. 160

A. Écoute à partir de *Mâât* (H. FOURÈS)

DES ŒUVRES

I. Henri FOURÈS : *MÂÂT* (1988)

■ ***Écouter***

Les éléments répétitifs.

■ ***Produire***

a) Une imitation vocale collective des « crapauds ».

b) De l'imitation à l'improvisation : essais et propositions individuels, puis mise en place d'un dispositif d'accumulation.

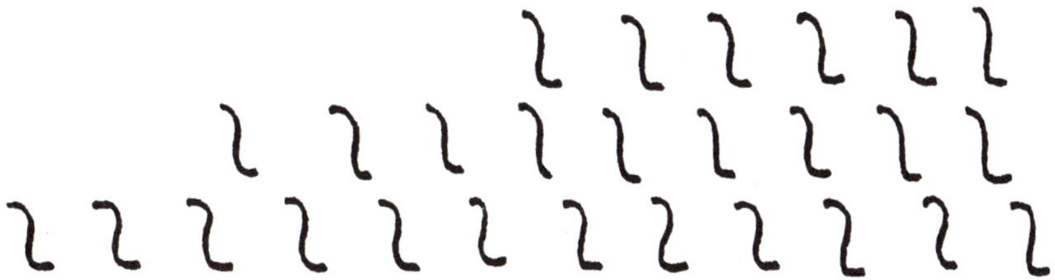

Codage graphique trouvé par les enfants à partir de leur production.

■ ***Écouter à nouveau***

Les trois éléments répétitifs en remarquant leur simultanéité.

n° 1 A

Mâât

« On vient d'entendre des oiseaux... — Et les enfants, qu'est-ce qu'ils en pensent ? »

n° 2 A

1re production d'enfants

« Les enfants qui viennent d'imiter les crapauds, ils ont quel âge ? — 4-5 ans... »

n°3 A

2e production d'enfants

« C'est simple d'obtenir cela d'un enfant de 5 ans ? — Oui, c'est assez simple... »

• ***Fin de cycle 1***

Mise en évidence d'une caractéristique du son : le grain

Produire

c) Une construction (après recherches) à partir des trois éléments suivants :
- les sifflements
- les « pic-pic »
- les « crapauds » (voix et cartons ondulés grattés)

« (qu'un enfant)... retrouve par son activité de production, la démarche du compositeur. »

n° 4 A

3e production d'enfants

« C'est une composition musicale ? — Oui, tout à fait... »

Autre proposition

• *À partir du cycle 2*

Diviser la classe en deux ou trois groupes ; chaque groupe choisit une onomatopée qu'il va répéter sous la conduite d'un chef (le maître puis éventuellement un enfant). Le rôle du chef : donner des départs, arrêter telle ou telle voix et créer ainsi une construction dont on pourra analyser la forme (enregistrer).

Nota : varier la fréquence des répétitions, l'intensité, les hauteurs, l'équilibre entre les différents plans sonores.

Préalables

Jouer avec sa voix (plusieurs séances) : le souffle (exclamations, rires, appels), la résonance (bouche fermée, voix nasalisée...), l'articulation (langue, lèvres, consonnes, voyelles...).

Prolongements

- Introduire de nouveaux éléments dans les productions (exemple : la flûte à coulisse dans la 4e production d'enfants).
- Combiner des variations (voir ci-dessus : « Autre proposition »).

n° 8 A

4e production d'enfants

D'autres écoutes

- S. Reich : *Tehillim*
- Marin Marais : *Sonnerie de Sainte-Geneviève du Mont*

Musique du monde (disque Nathan) - Centrafrique : porc-épic

II. Adama DRAME : *SOKO ET TAKÉ*

« L'enfant en répétant va également varier ses productions. »

Écouter

La modification d'une répétition par le timbre — voix d'homme/chœur de femmes — et par les hauteurs — grave/aigu.

n° 5 A

Soko et Také

« On retrouve ce principe de répétition dans cette musique des griots... »

• ***Cycle 2***

Produire

Choisir une « phrase-refrain » mélodique et/ou rythmique (vocale ou instrumentale) :

le chœur (groupe-classe) la répète en alternance avec un enfant soliste qui improvise en la modifiant.

Nota : après quelques improvisations, nommer avec précision la nature des modifications apportées (intensité, durée, expression...).

Écouter à nouveau

Les deux plans sonores :
- répétitions vocales,
- accompagnement rythmique des percussions.

Prolongements

• *Cycle 3*

À partir d'une chanson à refrain et couplets connue :

a) le groupe-classe chante le refrain ; un soliste chante le couplet en langage imaginaire ;

b) chercher un accompagnement rythmique simple (percussions corporelles, instruments) ;

c) combiner a et b.

D'autres écoutes

- Chansons traditionnelles à répondre (Bretagne...)
- Count BASIE : *Splanky*
- Liturgie orthodoxe - monastère de Zagorsk
- *Musique du Burundi* : chœur de femmes

III. Iannis XENAKIS : *PITHOPRAKTA* (1955-1956)

« ... Par exemple dans Pithoprakta, Xenakis utilise ce principe de répétition. »

n° 6 A
Pithoprakta

• ***À partir du cycle 2***

Écouter

L'agencement de deux plans sonores : le premier à caractère répétitif (sons brefs), le second à caractère statique (sons tenus).

Produire

- Groupe 1 : installer une trame[1] sonore vocale et/ou instrumentale (une minute environ).
- Groupe 2 : rechercher des sons brefs à caractère répétitif (onomatopées, élastiques tendus et pincés...).
- Jeu : superposer, sur la trame du groupe 1, des improvisations du groupe 2.

Nota : veiller à l'homogénéité des éléments qui constituent la trame.

Préalables

Travail des trames — voir fiche sur les trames.

D'autres écoutes

- L. FERRARI : *Solitude Transit* (cf. 2e partie, p. 28)
- R. AUBRY : *Steppe*
- F. BAYLE : *Lignes et points*
- I. XENAKIS : *Metastasis*

1. Voir chapitre « La trame », p. 28

IV. Miles DAVIS : *ALL BLUES* (1959)

Écouter

L'agencement de deux plans sonores : l'un à caractère mélodique (trompette), l'autre à caractère répétitif (*ostinato*[1] joué par les saxophones).

n° 7 A

All blues

« Et bien là, nous sommes passés à une musique de jazz de Miles Davis. »

Produire

- Groupe 1 : choisir une courte phrase, la rythmer en parlant, la répéter en *ostinato*.
- Groupe 2 : choisir des sonorités (syllabes, phonèmes...) issues de cette phrase et les dire librement sur l'*ostinato*.
- Jeu : faire apparaître au premier plan l'un ou l'autre des groupes en jouant sur la hauteur, le timbre, l'intensité, le débit...

• *Cycle 2*

« Ce type d'improvisation, vous le réalisez aisément avec des enfants ? »

Préalables

- Permettre aux enfants d'explorer **toutes** les possibilités de leur voix et de rechercher les sons produits par d'autres parties du corps : différents frappés, frottés..., avec les mains, les pieds...
- Les entraîner à la production de motifs rythmiques divers, en prenant garde à ne pas changer de tempo[2] (ni accélération, ni ralenti).
- Il sera intéressant de faire entendre :
  - B. MAC FERRIN : *The Voice*
  - S. WARING : *La Voix* (Tic-Toc)

n° 8 A

4e production d'enfants

---

1. Motif rythmique et/ou mélodique qui se répète identique à lui-même.
2. Vitesse.

Prolongements

- Choisir un *ostinato* rythmique produit avec les lèvres, la langue, le souffle (groupe d'enfants).

• *Cycle 3*

- Superposer à cet *ostinato* :
  a) soit un texte (appris ou improvisé) dit rythmiquement par un enfant soliste (technique employée dans le rap),
  b) soit des onomatopées rythmées et chantées (technique employée dans le jazz : scat).

Variante

L'*ostinato* peut être mélodique : chanté ou joué (par exemple, par un xylophone).

D'autres écoutes

- M. RAVEL : *Boléro*
- É. LALO : *Symphonie espagnole* (5e mouvement)
- M.C. SOLAAR : *Qui sème le vent récolte le tempo* (rap)
- E. FITZGERALD : *How High The Moon* (scat)

V. Jean-Sébastien BACH : *L'OFFRANDE MUSICALE* (1747) - (Canon à quatre)

« Les musiciens dits classiques ont, eux aussi, beaucoup travaillé sur cette répétition... »

n° 9 A
L'offrande musicale
« J.-S. Bach utilise là une répétition décalée... »

■ *Écouter*

La répétition d'un thème en canon.
Les différentes voix[1] sont successivement exposées par :
le premier violon, la flûte traversière, le second violon, le violoncelle.

■ *Produire*

• ***À partir du cycle 2***

1. Chanter des canons à deux voix et plus.

2. À partir d'un texte parlé (prose ou poésie), organiser un jeu à plusieurs voix, avec des départs décalés dans le temps.

Exemple : C. Roy, *La Bête à bon Dieu*

« La bête à bon Dieu
N'est pas bête du tout,
Elle a partout des yeux
Et jusque dans le cou.
Elle voit bien, elle voit tout
Avec ses yeux, avec ses ailes,
La coccinelle. »

Voix 1 : La bête à bon Dieu n'est pas bête du tout, elle a partout...
Voix 2 : La bête à bon Dieu n'est pas bête du...
Voix 3 : La bête à bon Dieu...

« Il est intéressant de voir comment le compositeur Henri Fourès joue avec ces plans sonores au niveau de la voix et au niveau de la cithare... »

n° 10 A
Mâât (extrait 2)

1. Chacune des parties d'un ensemble polyphonique vocal ou instrumental.

Nota : jouer sur les timbres (voix chuchotée, nasalisée...), les hauteurs, les intonations (exclamation, interrogation), les intentions (triste, rieur, à la manière de...) pour mieux différencier les voix.

• ***Cycle 3***

3. Expérimenter des canons rythmiques :

a) soit en partant d'un canon connu dont on « oublie l'air » pour ne garder que le rythme[2] ;

Nota : varier les timbres (percussions corporelles, instruments) afin de mieux différencier les voix.

b) soit en les inventant... mais attention ! les différentes phrases rythmiques se superposant doivent avoir la même durée (par exemple 3 ou 4 pulsations[3]).

Préalables

- Travailler la simple répétition de formules rythmiques frappées aux différents niveaux corporels par le maître.
- Installer un canon maître-enfant : le maître donne un motif rythmique, les enfants le répètent pendant que le maître en donne un autre (de même durée).

D'autres écoutes

Canons :

- *Rondes de nuit* : cassette Enfance et Musique
- C. FRANCK : *Sonate pour violon et piano* (4e mouvement)

Entrées fuguées[4]

- W. A. MOZART : Ouverture de *La flûte enchantée* (début de l'allegro, après l'introduction adagio)
- C. JANEQUIN : *Le chant des oiseaux*

2. Obtenu en frappant toutes les syllabes.

3. Battue régulière qui soustend le chant.

4. Entrées en canon, mais à des hauteurs différentes.

B. Écoute à partir de *Solitude Transit* (L. FERRARI)

DES NOTIONS

I. LA TRAME

Sorte de tissu sonore, de texture qui peut être le résultat d'amalgames divers.

■ *Produire*

1. Rechercher différents matériaux pour produire des trames (production en groupes) : voix, papiers, bouteilles plastiques, tambourins, cymbales, claves…
Enregistrer, comparer les sonorités.
Chercher à uniformiser.

2. Rechercher différents modes de jeu

a) À partir d'un même matériau : trouver différents gestes d'action.

Exemples :
- avec du papier : déchirer, frotter, tapoter…
- avec des bouteilles plastiques : déformer, gratter, souffler dedans…
- avec la bouche : murmurer, souffler, claquer la langue…

« Vous allez entendre l'œuvre de Ferrari, dans un premier temps sans prendre de notes… Vous écoutez l'œuvre, un point c'est tout… »

n° 11 A

Solitude Transit (extrait 1)

« … Je vais vous demander ce que vous avez entendu… »

• ***À partir du cycle 1***

• ***À partir du cycle 2***

b) Différencier les gestes d'action entraînant :
- une trame constituée de sons continus,
exemples : notes tenues chantées, mains frottées...
- une trame constituée de sons discontinus, voire ponctuels,
exemples : tapotés des doigts sur la table, émissions d'onomatopées brèves.

3. Varier les paramètres (vitesse, densité, hauteur, intensité...)

a) Entreprendre des recherches,
exemples : déchirer du papier lentement, par à-coups, vite... ; avec des claquements de langue : produire une trame qui soit très dense ou clairsemée.

Nota : densité, à comparer au nombre d'habitants au km^2.

• ***À partir du cycle 1***

b) Penser à faire évoluer la trame dans le temps,
exemples : partir d'une trame très clairsemée et arriver progressivement à une trame très dense ; au geste d'un chef, varier les intensités (faible, fort, et de passage progressif de l'un à l'autre : *crescendo*, *decrescendo* < >).

4. Agencer des trames

a) En les juxtaposant,
exemples : diviser la classe en trois groupes et produire :
- une trame de frottés 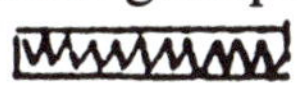
- une trame de tapotés 
- une trame de murmures 

Un meneur de jeu (maître ou élève) organise les interventions (durée, intensités...).

Nota : on peut aboutir à des « partitions » de ce type :

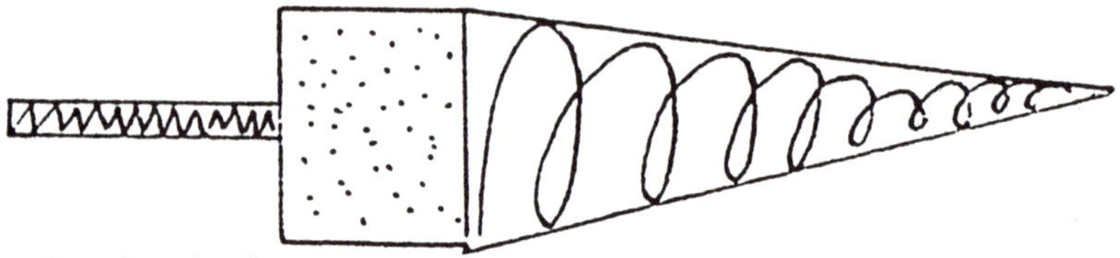

- à l'horizontale : les durées,
- à la verticale : les intensités (ceci n'est qu'une suggestion !).

b) en les superposant,

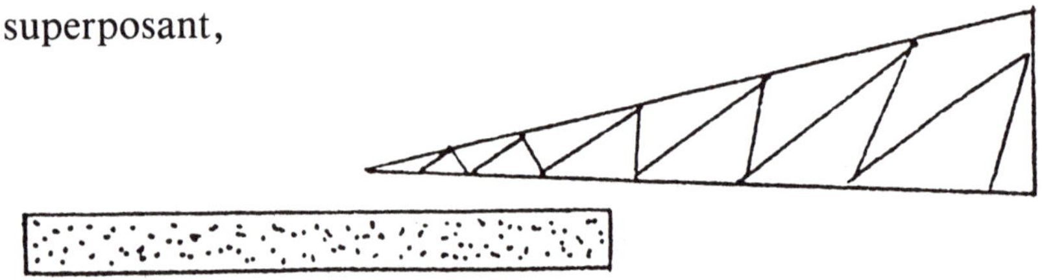

c) en passant insensiblement de l'une à l'autre (tel un fondu enchaîné).
Trouver des dispositifs permettant ce passage progressif.
Exemple 1 : en deux groupes, chacun ayant sa trame.

• ***À partir du cycle 2***

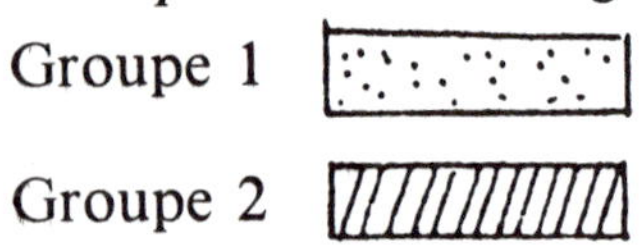

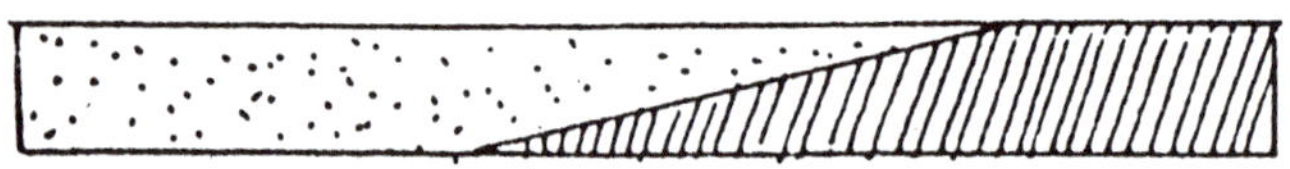

Exemple 2 : en utilisant une technique de « balayage » (dispositif en demi-cercle).
Choisir deux sortes de trames :
sons percutés 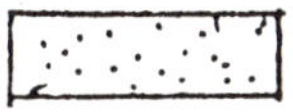 sons frottés 

Installer une trame, par tout le groupe, puis sur un geste de balayage du chef, les personnes concernées changent de mode de jeu.

La trame de sons percutés va peu à peu se transformer en une trame de sons frottés.

• ***Cycle 3***

Exemple 3 : par consensus de groupe, sans chef (dispositif en cercle). On se regarde, on s'écoute, chacun change de mode de jeu quand il le désire, attentif à l'évolution de l'ensemble. La seule consigne étant le résultat sonore : la substitution doit être progressive. Ce procédé développe une écoute plus attentive de chacun.

<u>***Nota :***</u> enregistrer - écouter - améliorer…

« Je crois que le mot trame est un mot tout à fait essentiel… particulièrement dans la musique contemporaine… et particulièrement dans cette œuvre-là. »

■ *Écouter*

- B. PARMEGIANI : *De Natura Sonorum* - « Matières induites ».
- L. FERRARI : *Solitude Transit* (extrait 2).

n° 12 A
De Natura Sonorum
n° 13 A

« ... rentrer dans le son, ça me semble pédagogiquement extrêmement intéressant. »

n° 14 A

- Productions d'étudiants d'IUFM : trames vocales en « fondus enchaînés ».

Productions d'étudiants

« Ce sens du son et de la matière. »

n° 15 A

- L. FERRARI : *Solitude Transit* (extrait 3)

Produire

• *À partir du cycle 2*

Associer ces trames à d'autres éléments.

Exemple : associer des événements ponctuels : sur une trame de « papiers secoués », faire intervenir des impacts (cf. production d'enfants ci-dessous).

Exemple : faire émerger certains éléments : à partir d'une trame de « frottés » sur des matériaux divers, faire émerger certains d'entre eux par augmentation de leur intensité.

Écouter

Production d'enfants :

- trame faite de papiers secoués et impacts (pichenettes) ; *n° 8 B*
- L. FERRARI : *Solitude Transit* (émergence des pas). *n° 11 A*

Transpositions pluri-sensorielles

a) par le toucher : comparer des trames de tissus différents : trame lisse d'un tissu soyeux, trame granitée d'un tweed, trame itérative d'un velours côtelé...

b) par la vue : remarquer l'utilisation de ce principe de trames :
- par des peintres :
R. LICHTENSTEIN
VASARELY : voir la série « *Permutations et Algorithmes* »
P. KLEE : ex. *Polyphonie - Ad Parnassum*
F. ROUAN : ex. *Cassone VI*
- par certains illustrateurs :
Ch. BRUEL et N. CLAVELOUX, *Crapougneries*, Éd. Le Sourire qui mord.

D'autres écoutes

- A. VIVALDI : concerto en ut majeur op. 40 n° 11, pour flûte douce (2e mouvement)
- B. PARMEGIANI : *De Natura Sonorum* (mouvement : « Géologie sonore »)
- K.H. STOCKHAUSEN : *Stimmung*
- G. LIGETI : *Lux aeterna* (trames vocales) ; *Atmosphères* (trames instrumentales) ; *Paysages sonores* (disque Nathan avec livret).

II. LA DYNAMIQUE

Différence entre les niveaux extrêmes d'intensité sonore
(par exemple : *ff* : fortissimo - très fort ; *pp* : pianissimo - très faible).

1. LE CRESCENDO < (augmentation progressive de l'intensité) LE DECRESCENDO > (diminution progressive de l'intensité)

■ ***Produire***

• *À partir du cycle 1*

1. Faire dire aux enfants une comptine en diminuant progressivement l'intensité (du parlé fort au chuchoté), puis faire le chemin inverse en revenant à la nuance de départ.

2. Même jeu, avec une chanson.

Nota : attention à ne pas crier, à garder une vitesse constante (tempo).

3. Expérimenter deux façons de faire un < ou >.
a) En jouant de plus en plus fort (par exemple, en tapant des mains sur la table ou sur des instruments).
b) En utilisant le procédé d'accumulation (voir le chapitre « La trame » sur la technique du balayage).

« Tout musicien traditionnel travaille avec ces éléments là... sur les dynamiques... je pense par exemple à Debussy : **Fêtes.** *»*

■ ***Écouter***

Cl. DEBUSSY : « Fêtes » (1899), extrait de *Nocturnes pour orchestre.*

n° 1 B
Fêtes

2. ASSOCIER CRESCENDO ET DECRESCENDO < >

Produire

• *À partir du cycle 1*

1. Écouter un texte lu, ou une chanson interprétée par le maître avec des intensités différentes (< >, >, <) : les enfants accompagnent les changements d'intensité en écartant ou en rapprochant les bras.

2. Inverser les rôles : les enfants chantent en suivant les gestes du maître.

Nota : dans les deux cas, un enfant peut remplacer le maître.

Écouter

« Tous ces éléments, vous pouvez les travailler avec les enfants. »

n° 2 B
Production d'enfants

Production d'enfants / jeu de déplacement avec des galets.
Les enfants sont assis en demi-cercle. Au signal, ils frottent des galets les uns contre les autres. À un autre signal, trois ou quatre enfants vont entrechoquer leurs galets puis traversent (en courant ou en marchant) l'espace d'une extrémité à l'autre.

3. OPPOSITIONS D'INTENSITÉS - ÉCHO

n° 3 B
Solitude Transit (extrait 4)

Produire

• *Cycle 1*

1. Diriger au geste (bras écartés : *ff*, mains jointes : *pp*) des alternances d'intensité.
Exemples :
- frapper *f* ou *p* sur des instruments ;
- phrases de comptines dites à haute voix ou à voix chuchotée.

• *Cycle 2*

2. Faire chanter des chants populaires comportant des répétitions de phrases (ex. : « L'Alouette est sur la branche »), et opposer les nuances fort/faible, comme en écho.

3. Faire improviser avec un dispositif en cercle :
un enfant improvise une courte phrase chantée et désigne un « enfant-écho » qui reprend sa phrase, puis en lance une nouvelle…

« L'espace mystique… On trouve ça chez les musiciens traditionnels ; je citerai par exemple Monteverdi. »

■ ***Écouter***

Cl. MONTEVERDI : « Magnificat », extrait de *Vêpres de la Vierge* (1610)

n° 4 B
Vêpres de la Vierge

4. ÉMERGENCES

■ ***Produire***

• *Cycle 3*

Par demi-classe :
- choisir un texte, prose ou poésie, et une voyelle ;
- dire le texte à voix basse en faisant émerger dans une nuance forte la voyelle choisie.

5. IMPACTS SONORES

■ ***Écouter***

L. BERIO : « O King », extrait de *Sinfonia* (1968).

n° 9 B

■ ***Produire***

- Un enfant lit un texte ou une poésie.
- Un groupe d'instrumentistes ayant le texte sous les yeux ponctue cette lecture d'impacts placés sur certaines sonorités du texte choisies à l'avance (claves, tambourins, cymbales, métallophones…).

D'AUTRES ÉCOUTES

1. Crescendo
- I. STRAVINSKI : *L'Oiseau de feu* (final)
- M. RAVEL : *Daphnis et Chloé*
- E. GRIEG : *Peer Gynt* (Dans l'antre du roi de la montagne)
- G. ROSSINI : Ouverture de *La Pie voleuse*

2. Crescendo - Decrescendo
- É. LALO : *Symphonie espagnole* (3e mouvement)
- M. MOUSSORGSKY (Orchestration de M. RAVEL : *Tableaux d'une exposition*, « Bydlo »)

3. Oppositions d'intensité - Écho
- J.-P. SWEELINCK : *Fantaisies en écho pour orgue*
- H. BERLIOZ : *Symphonie fantastique* (début de la « Scène aux champs »)
- G. LIGETI : *Requiem* (début)
- G. GABRIELI : *Fanfares pian e forte*

4. Impacts sonores
- I. STRAVINSKI : *Symphonie de Psaumes* (début)
- S. PROKOFIEV : *Alexandre Nevski* : « La bataille sur les glaces »

III. LA SIMULTANÉITÉ - LE CONTREPOINT

Superposition d'événements sonores ou de lignes mélodiques.

■ *Écouter*

• ***Dès le cycle 1***

Des paysages sonores « en direct » (la classe, la cour de récréation, la rue...), ou enregistrés (disque, cassette) :
a) repérer les différents éléments sonores qui les composent ;
b) analyser leur agencement dans le temps et dans l'espace (fond sonore, éléments répétitifs, événements ponctuels...).

■ *Produire*

• ***Dès le cycle 1***

Des paysages sonores (la gare, le marché, la forêt...) en utilisant les ressources de la voix, du souffle et de différents corps sonores.

<u>*Nota :*</u> - enregistrer les productions des enfants ;
- réaliser un codage des différents éléments perçus dans leur succession et dans leur simultanéité aidera à structurer le rapport espace-temps.

Exemple : Le port de pêche

rires des mouettes,

bateau qui rentre au port,

vente à la criée,

bruit des drisses contre les mâts des bateaux.

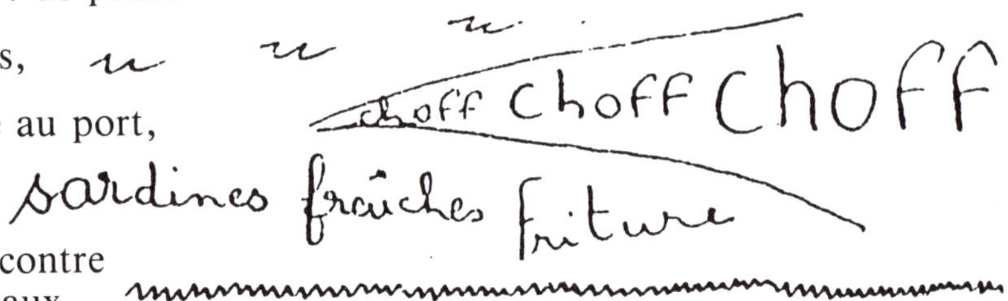

■ *Écouter*

L. BERIO : *Sinfonia* (3e mouvement)

Remarquer l'extrême variété des matériaux sonores utilisés (chœur parlé, voix chantée, orchestre...).

« On peut citer Berio qui utilise beaucoup le contrepoint notamment dans le 3e mouvement de la **Sinfonia...** *»*

n° 5 B

Sinfonia

■ *Produire*

a) Voix parlée : jeu à deux.

Un enfant dit un texte, avec une certaine intonation, en continu. Un autre enfant, par moments, superpose des fragments du texte. Varier les intonations (hauteurs), le débit, l'intensité, etc.

• *À partir du cycle 2*

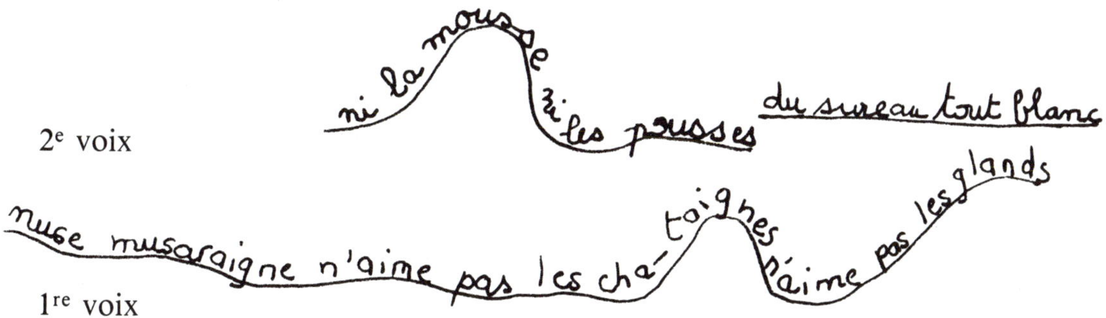

2e voix

1re voix

(Paroles : A. Sylvestre)

b) Voix chantée : superposition de lignes mélodiques (contrepoint) :
- chant en canon,
- chant à deux voix.

• *Cycles 2 et 3*

Écouter

- J.-S. BACH : *L'offrande musicale*

n° 9 A

D'autres écoutes

- K. PENDERECKI : *Passion selon saint Luc* (Stabat Mater)
- W.A. MOZART : *La flûte enchantée* (duo de Papageno et Papagena)
- M. RAVEL : *L'enfant et les sortilèges* (début de la 2e partie)

IV. LA DENSITÉ

L'espace sonore peut être rempli d'une manière plus ou moins dense.

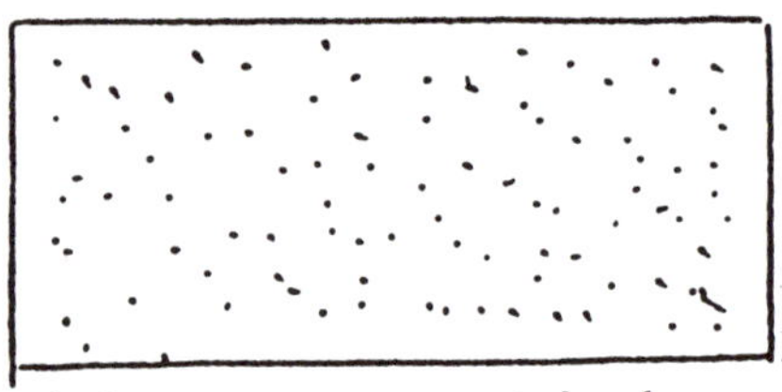

événement sonore très dense

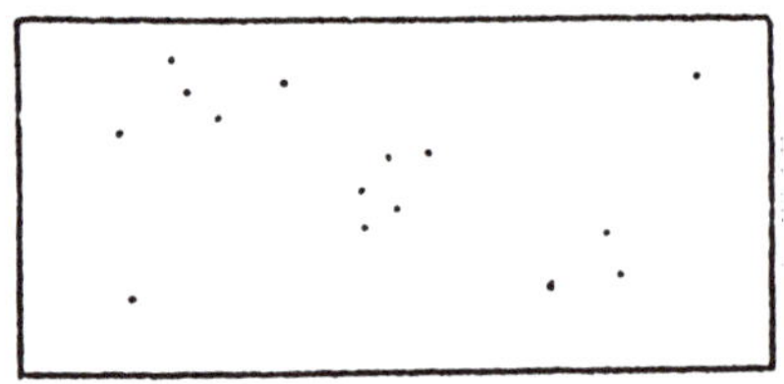

événement sonore peu dense

« ... Ferrari joue beaucoup sur la densité de la matière... la densité réduite de la matière, voire la transparence... »

n° 6 B

Solitude Transit (extrait 5)

Produire

1. Mettre en évidence les contrastes :

• *Cycle 1*

a) bruit/silence

- en prenant conscience du bruit, par différentes actions (taper, chanter, frotter), l'opposer, après un arrêt net, au silence.

b) peu/beaucoup

- en tapant des mains, des pieds, en chantant, en parlant, opposer « quelques-uns » à « tous » ;
- en imitant la pluie, avec les doigts sur la table (ou sur des tambourins) :

quelques gouttes...

de plus en plus...

beaucoup de gouttes...

de moins en moins...

la pluie s'arrête...

2. Prendre conscience de la densité, avec engagement corporel :

• *Cycles 2 et 3*

- à l'intérieur d'un grand espace (classe, préau), délimiter un espace précis ;

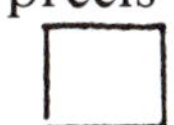

- les enfants sont répartis à l'extérieur de l'espace et sont silencieux ;

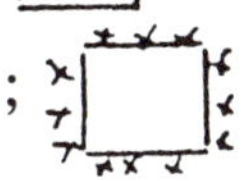

- ils vont produire des sons (phonèmes, comptines, chansons, utilisation d'objets sonores, d'instruments...) lorsqu'ils se déplaceront à l'intérieur de l'espace.

Ces déplacements sont régis par un ensemble de contraintes très précises fixées au début de l'activité :

a) tout le groupe entre dans l'espace puis, au signal, le quitte ;

b) tout le groupe entre dans l'espace mais les départs des différents enfants du groupe sont échelonnés ;

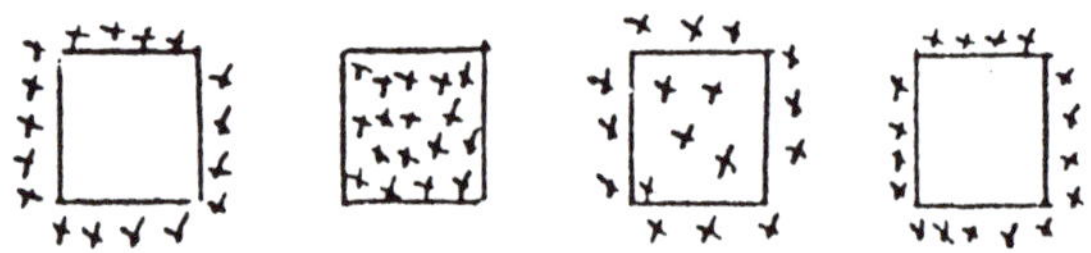

c) seule une partie du groupe entre dans l'espace : présence limitée à un nombre donné (ex. : entre 5 et 7, ou entre 9 et 11) afin d'obtenir une densité constante. Lorsqu'un enfant quitte l'espace, un autre le remplace.

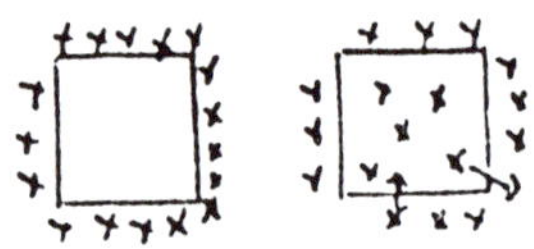

On peut trouver d'autres consignes...

Ce type de dispositif permet de réaliser une construction musicale.
Exemple : forme A B A : il suffira, par exemple, d'enchaîner forte densité, faible densité, forte densité.

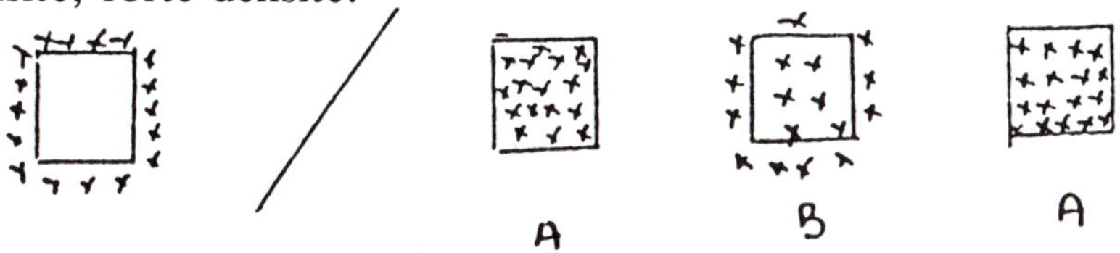

La densité n'engendre pas obligatoirement un son fort (intensité). On peut associer faible densité et forte intensité et vice-versa (par exemple, lorsque les enfants sont peu nombreux dans l'espace, leur faire produire des sons forts, et inversement).

3. Renforcement de l'écoute et début d'abstraction : même objectif, mais sans se déplacer.

Dispositif en cercle, tout le groupe-classe utilisant des instruments, des onomatopées, différents frappés corporels...

- On produit un « nuage de sons » :
  · très dense
  · peu dense

(il faut maîtriser son geste, savoir écouter le résultat d'ensemble).

- On crée une forme utilisant l'opposition dense/peu dense ou le passage progressif de l'un à l'autre. Par exemple :

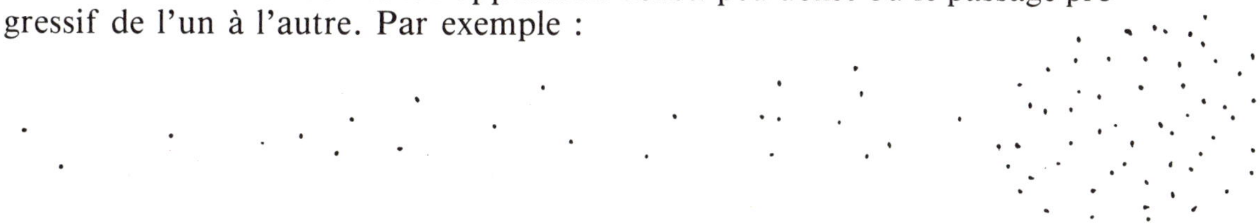

Il est utile d'enregistrer pour écouter et améliorer...

4. Transpositions pluri-sensorielles

- Beaucoup/peu de contact : rechercher le maximum ou le minimum de points de contact avec un objet, le sol, un camarade.
- Beaucoup/peu de couleur : un grand nombre de couleurs différentes,
une grande tache de couleur,
une petite tache de couleur sur une grande surface.
- Beaucoup/peu de mouvement : faire le minimum de mouvement pour accompagner une action donnée (exemple : ramasser un objet).

■ *D'autres écoutes*

- B. MADERNA : *Quadrivarium*
- E. VARÈSE : *Ionisation* et *Amériques*
- J.-S. BACH : *Concerto brandebourgeois n° 5* (forme du concerto grosso opposant petit groupe de solistes et orchestre)

N.B. — À la fin de la cassette « Écoute musicale », l'intervention de Madame Pétinot porte sur l'« Attente ».

n°s 7 B à 11 B

ARTS PLASTIQUES

Ont participé à ce chapitre « Arts plastiques » :

Didier CARON
Nicole DESGROPPES
Janine JUILLE
Daniel LAGOUTTE
Marie-Claire MARTIN
Robert MAYOT
Joël PAUBEL
Claude REYT
Elisabeth SARAZIN

Introduction

Il est courant d'entendre dire qu'un art ne peut être enseigné et qu'il doit d'abord être pratiqué. Mais chacun sait qu'on a besoin d'être mis sur les chemins de la création pour oser pratiquer. L'enseignement visera à faire prendre conscience à l'enfant de ce qu'il fait et de la portée des opérations plastiques qu'il met en œuvre. En outre, on lui donnera ainsi l'occasion d'exprimer ses émotions et ses perceptions de manière plus intense, et d'affirmer sa personnalité de manière plus authentique.

Cependant les enseignants craignent de ne pas savoir assez bien dessiner eux-mêmes pour faire pratiquer les arts plastiques à leurs élèves. Qu'ils se rassurent, l'enseignement des arts plastiques n'a pas pour objectif premier d'apprendre à dessiner ; il cherche en fait à développer des capacités déjà existantes en chacun de nous : à faire prendre forme, à modifier, à adapter, à associer idées, actes, formes, matières et significations, et ceci à des fins de production de sens.

Spontanément, l'enfant élabore des formes, transforme, organise et s'approprie son environnement. On pourrait penser qu'il n'a donc pas besoin d'apprentissage en ce domaine, mais ce serait le laisser enfermé dans ses représentations. Aussi l'enseignement des arts plastiques a-t-il pour fonction essentielle de faire progresser l'élève dans les formes d'expression qui lui sont propres. Il met l'accent sur la qualité des choses, une qualité à la fois d'ordre sensible et intellectuel dans le mode d'approche du monde visible, tactile, culturel. De plus, on sait qu'une telle manière d'envisager l'environnement physique et social est indispensable à développer chez l'élève pour qu'il progresse dans le champ de la pensée rationnelle, pour qu'il soit également capable d'agir et de renouveler ses savoir-faire.

QUEL EST LE RÔLE DE L'ENSEIGNANT ?

Pour les arts plastiques en particulier, c'est du mode d'intervention de l'enseignant que dépend la réaction des élèves. En tout cas, il faut éviter que ceux-ci ne soient les pâles exécutants de quelque chose dont la forme définitive serait arrêtée avant même qu'ils ne passent à l'action.

Le rôle de l'enseignant est de procurer les meilleures conditions de travail :
- il fournit des occasions de découvertes,
- il conseille,
- il encourage,
- il impulse,
- il met un matériel à disposition,
- il rassemble une documentation,
- il favorise la construction des savoirs au cours de brefs bilans,
- il conduit l'interrogation des élèves sur les réalisations.

QUELLE EST LA MOTIVATION DES ÉLÈVES ?

Les élèves sont séduits par les réalisations qu'ils produisent et qui expriment leurs idées ou leurs sentiments. Sans que cela soit toujours conscient pour eux, ils génèrent des formes en agissant sur les matières, les images, leurs propres dessins, et ils en sont les premiers spectateurs. La réalité des productions qu'ils n'avaient pu imaginer avec précision apparaît alors bien présente, et cela leur procure plaisir et fierté. On sait que la production d'images permet à l'enfant d'exprimer son univers intérieur. C'est pourquoi elles le rassurent.

Il y a en outre chez les élèves pendant qu'ils pratiquent, le plaisir du geste et celui de réaliser quelque chose de concret. Leur désir de pratiquer à nouveau les arts plastiques et de voir toujours plus d'images et d'œuvres s'explique par l'envie de retrouver ces plaisirs, par celle de s'affirmer et de satisfaire une imagination toujours en éveil.

LA DÉMARCHE PÉDAGOGIQUE DANS UNE SÉQUENCE D'ARTS PLASTIQUES

- À partir d'images.
- À partir de l'objet.
- À partir de l'œuvre d'art.

Plusieurs chemins sont possibles. À l'enseignant de choisir, en fonction de ses intentions et en tenant compte des réactions des élèves, ce qui les intéresse et qui l'intéresse aussi. Il n'est pas de passage obligé, la démarche en arts plastiques n'est pas linéaire. Elle est faite de détours, de bonds et de rebonds, de hasards et d'imprévus. L'enseignant suivra le fil conducteur apporté par les élèves qui lui fourniront la matière de son enseignement. Il proposera les situations qui permettront au potentiel présent en chacun de ses élèves de prendre corps dans des réalisations. Il faut se lancer à l'aventure. Pour se trouver en situation de réussite, il suffit d'oser commencer puis de savoir « tirer le fil ».

La démarche en arts plastiques se caractérise par des mises en relation, en confrontant une chose à une autre, une idée à une autre. En effet, l'objectif pour l'enseignant est de parvenir à ce que les élèves éprouvent le besoin de poursuivre une piste d'expression qui leur soit personnelle.

Aussi, une séquence d'arts plastiques n'est-elle jamais terminée. Elle invite toujours à établir de nouvelles mises en relation, à se confronter à d'autres notions, à d'autres matériaux pour effectuer des découvertes à la fois personnelles et originales. C'est pourquoi on peut affirmer que la réussite en arts plastiques dépend d'abord du degré d'implication de l'enseignant.

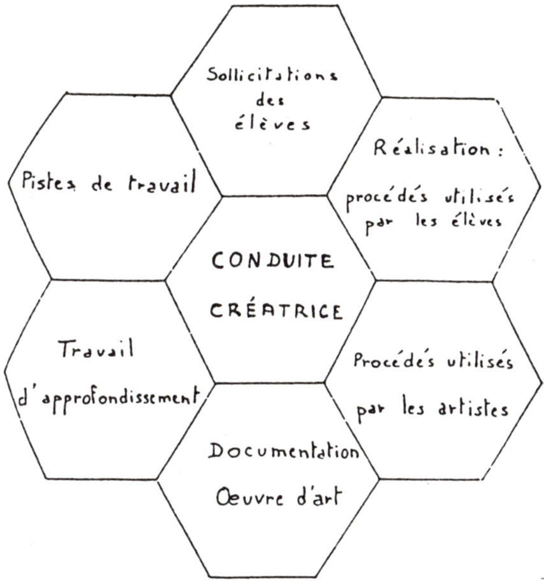

Le schéma ci-dessus visualise les diverses étapes d'une démarche pédagogique qui place les élèves en situation de création.

La conduite créatrice se caractérise par des mises en relation et par des confrontations de procédés plastiques, d'œuvres d'art, d'images, ...

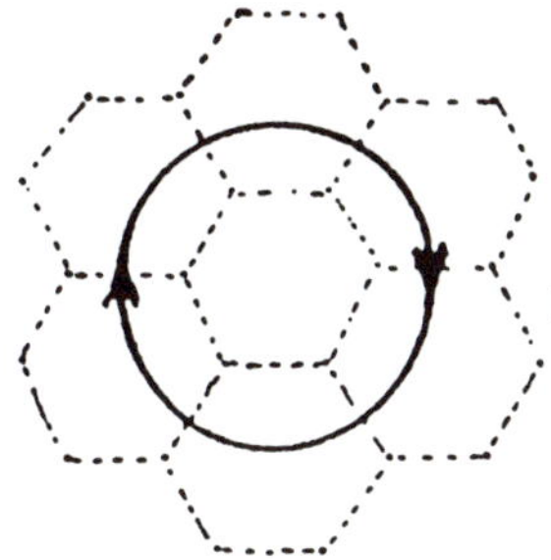

mais aussi :

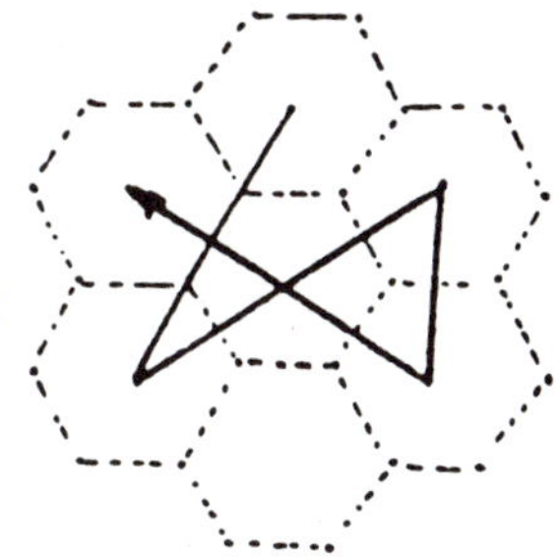

À l'issue de cette démarche, les élèves éprouvent le besoin de poursuivre une piste d'expression qui leur est personnelle. Ils pourront utiliser de nouveaux procédés, se référer de nouveau à la conduite correspondante, puis confronter leurs productions en cours de réalisation et leur expérience à celles des artistes.

EXEMPLE D'APPLICATION DE CETTE DÉMARCHE À PARTIR D'UN DESSIN D'ENFANT

On crée toujours à partir de quelque chose d'existant (dessins, images, objets, œuvres d'art). Les élèves dessinent naturellement. Pourquoi ne pas partir de leurs propres dessins pour débuter une séquence d'arts plastiques ?

Prenons un exemple *(illustration n° 1a)*.

I. SOLLICITATIONS DES ÉLÈVES

« Comment transformer votre dessin ? » *(illustration n° 1b*, page 52*)*

II. PROCÉDÉS

On peut transformer le dessin par l'un des procédés suivants :

- isoler un élément, l'extraire et le grossir, ou le répéter de multiples fois, ou le changer d'échelle par rapport aux autres, ou le changer de contexte... *(1b)* ;

- extraire plusieurs éléments avec un calque et les juxtaposer autrement *(1b)* ;

- changer de technique : refaire la même chose en déchirant les éléments dans du papier journal et en effectuant un collage... ;

- changer de support : dessiner sur du papier d'emballage, du papier journal, du papier froissé, sur un chiffon, sur du bois, sur un galet... ;

- changer d'outil : dessiner avec une éponge... ;

- changer de format : du rectangle allongé au triangle... ;

- modifier les techniques de travail : passer du fusain sur un papier et dessiner à la gomme, copier le dessin en le plaçant à l'envers, utiliser l'autre main...

Chaque fois, il est important de faire constater que ces transformations produisent des significations particulières.

1.a

1.b

III. EXERCICES D'APPROFONDISSEMENT

Inévitablement, des moyens manqueront aux élèves pour parvenir à une expression accomplie. Des exercices seront nécessaires afin d'obtenir de meilleurs résultats. Une documentation modeste sera constituée par les élèves, concernant leur piste de recherche.

IV. L'ŒUVRE D'ART

Arrivé à ce stade du travail, il est utile de montrer aux élèves ce qu'ont réalisé des artistes à partir de ces procédés et les significations qu'ils en ont obtenues. À titre d'exemple, Jean Dubuffet dans *Le Déchiffreur* ▬ 1 *(diapositive n° 1)*, assemble des fragments tirés de travaux précédents, ceci afin d'évoquer les images qui s'entassent et s'ordonnent dans sa mémoire.

▬ 1

V. PISTES DE TRAVAIL

À la manière de Jean Dubuffet, les élèves pourront utiliser leurs travaux précédents afin de se constituer leur propre « théâtre de mémoire ».

Au lieu de dessins, pourquoi ne pas partir d'images extraites de revues, ou de photographies (voir chapitre A : « À partir d'images ») ?

Les élèves seront sûrement tentés d'échapper à l'imitation de l'artiste et manifesteront le désir de grouper plutôt des objets (voir chapitre B : « À partir de l'objet »). Mais ils peuvent aussi, comme Sigmar Polke ▬ 6, évoquer l'indétermination des images qui reviennent à la mémoire et ceci par le procédé de superposition de dessins (voir chapitre C : « À partir de l'œuvre d'art »).

Ainsi les pistes de travail sont ici multiples : l'évocation du passé, le journal intime, le carnet de bord, le musée imaginaire...

Il est nécessaire d'enrichir la culture artistique des élèves pour leur donner l'envie et les moyens d'agir. L'œuvre d'art catalyse les énergies de création des individus, elle suscite toujours un désir d'expression. On le voit, les trois chapitres renvoient à des références culturelles. Ils constituent un ensemble dans lequel nous invitons les enseignants à circuler, selon leurs besoins.

Liste des œuvres reproduites en diapositives

1. Jean Dubuffet (1901-1985)
Le Déchiffreur, 1977, acrylique sur papier, 178 × 214 cm

2. Peter Blake (né en 1932)
Au balcon, 1957, huile sur toile, 121 × 91 cm

3. Alexandre Isidore Leroy de Barde (1777-1828)
Trompe-l'œil, 1810, aquarelle et gouache, 126 × 90 cm

4. Francisco de Goya (1746-1828)
Le Colosse ou la Panique, 1809, huile sur toile, 115 × 105 cm

5. Henri Matisse (1869-1954)
La Danse, 1910, huile sur toile, 260 × 389 cm

6. Sigmar Polke (né en 1941)
Cameleonardo da Willich, 1979, acrylique sur coton damassé, 110 × 205 cm

* Tous les dessins reproduits ci-après ont été réalisés d'après les œuvres originales.

A. À partir d'images

Ce chapitre relate une expérience effectivement vécue qui ne donne pas lieu à des pratiques de dessin ou de peinture proprement dites.

Elle n'en fait pas moins appel à des mises en relations formelles et porteuses de sens qui appartiennent au champ des arts plastiques.

1. SOLLICITATIONS DES ÉLÈVES

1.1. RÉUNIR DES IMAGES... SELON DIVERS SCÉNARIOS

Le maître demande aux enfants d'apporter chacun une image, la classe a ainsi à sa disposition une première série qui sera une matière première aussi intéressante du point de vue culturel que du point de vue plastique. Puis le maître et les enfants cherchent, par exemple, les images qui sont aux antipodes les unes des autres.

Les enfants et le maître réunissent des images qu'ils accumulent dans une caisse ou un grand carton. Le jeu consiste à trouver le plus d'images possible : des grandes, des petites, en couleurs, en noir et blanc, des anciennes, des neuves... Pendant quelques jours on se préoccupe avant tout de constituer pour la classe la plus grande collection d'images possible.

Les enfants et le maître découpent ou reprographient des images de toutes sortes. Tout d'abord, ils ne se préoccupent pas trop de leurs origines, de leurs formes, de leurs différences. Toutes les images sont les bienvenues.

1.2. INVENTORIER LES IMAGES

Il existe des ressemblances entre certaines images. Lesquelles ? Ou, au contraire, des images sont nettement différentes. Pourquoi ? En pratiquant l'inventaire, on se rend compte de la difficulté de les classer, de les ordonner : il y a des types ou des genres d'images bien particuliers. En voici une liste :

... des images avec du texte, des images sans texte, des images publicitaires, des images de sciences, des images d'histoire, des images de géographie. Des vignettes de bandes dessinées, des photographies de reportage, des photographies de mode, des illustrations de texte, des images d'architecture, des images d'objet, des images de sculpture, des images informatiques, des images de cinéma, des affiches, des diapositives, des photocopies, des cartes postales, des timbres-poste, des reproductions de peinture, des pages de magazine, des couvertures de livre, des images d'Épinal, des photos de famille, des gravures, des planches de catalogue, des posters...

Le maître donne un privilège à certaines images qu'il introduit lui-même dans la caisse : les reproductions d'œuvres plastiques (dessins, peintures, sculptures, installations dans le musée, dans le paysage, dans la ville).

1.3. RANGER ET TRIER LES IMAGES

Cette opération se fera sur une ou plusieurs tables.

Chaque image doit garder son indépendance. Les images qui n'excèdent pas le format $21 \times 29{,}7$ cm sont contrecollées sur du bristol fort blanc. On colle avec soin ces images au centre du bristol. Elles sont aussi protégées dans des pochettes en plastique transparentes.

Les paquets d'images sont réunis dans des cartons à dessin ou des classeurs.

Peuvent cohabiter dans un même dossier : de très grandes images (format affiche), des petites images (vignettes de bandes dessinées), des images photocopiées en noir et blanc, des images en couleurs, des originaux.

Comment réunir, choisir, sélectionner des images ? Comment en extraire, en isoler, en rejeter parmi elles ?

En réunissant les images, on avait choisi d'observer leur type ou leur genre : affiches, cartes postales, etc. On peut se préoccuper maintenant de ce qu'elles représentent ou de ce qu'elles évoquent, ou au contraire on oublie ce qu'elles représentent pour regarder leurs formes ou leurs couleurs tout simplement.

Ainsi, apparaissent ***deux critères de rangement*** pour former des séries différentes : le premier définit un axe plastique, le second un axe thématique.

• ***L'axe plastique***
Une collection plastique aborde d'emblée tous les constituants de base, le plus évident étant ce qui a trait aux formes, aux couleurs et à la lumière, aux effets de la matière.

On peut commencer une collection plastique sur :
... une forme, une couleur, l'absence de couleur, un effet de lumière, des effets de matière, des images noires, des images blanches, le noir et le blanc, l'ombre et la lumière, des silhouettes, le plein et le vide, des images aux couleurs vives, des images à dominante rouge, des couleurs chaudes et froides, des réseaux, des figures géométriques, des transparences, des rosaces, des damiers, des déformations, des images et des lignes, des répétitions, des rythmes, de l'écriture, des graffiti, de la typographie, des images écrites, des textes bien dessinés, des traces, des points, du grain, des images tramées, des images floues, des reflets, des symétries, de la perspective, des impressions de relief, de mouvement, de la vitesse, du volume, des plans, de la durée, avec des traits, avec des couleurs, des superpositions, des accumulations, des juxtapositions, des puzzles, des images tactiles, des images sonores, des personnages qui sortent du cadre, des personnages qui s'éloignent, des vues en plongée, des vues en contre-plongée, des vues aériennes, des détails, des agrandissements, des réductions, des images grandeur nature, de très petites images...

• ***L'axe thématique***
Une collection thématique rassemble une série d'images sur un objet précis, sur une idée, une sensation, un élément naturel :
... des images de rêves, de cauchemars, des images humoristiques, des images mystérieuses, des fées et des sorciers, des volcans, des incendies, des images de l'air, du ciel, des images de l'espace, de l'univers, de la terre, de l'eau, des eaux souterraines, des eaux courantes, des îles, des portraits, des autoportraits, des masques, des tatouages, des images de fête, de la violence des animaux, des « vues d'artistes », des vêtements, des maisons, des villes, des paysages...

2. RÉALISATIONS

2.1. AFFICHER DES IMAGES

L'affichage s'impose naturellement, il peut être une fin en soi dans un premier temps et constituer un mur d'images pour une certaine durée.

L'affichage se fera donc sur un mur réservé à cet effet.

Cependant, on peut modifier l'affichage en éliminant ou en ajoutant certaines images pour l'organiser en suite thématique, en série plastique, en enchaînement logique, en déroulement chronologique...

2.2. DE L'OBJET GÉOGRAPHIQUE À L'OBJET PLASTIQUE

On peut envisager l'élaboration d'une documentation sur le paysage en géographie qui sera poursuivie en arts plastiques avec des images de sculptures ou de dessins installés dans des paysages analogues.

On aura le souci de collectionner des images différentes sur un même thème.

Sur **le thème du volcan**, par exemple :

Le volcan, de tout temps, a fasciné les hommes. La légende veut qu'Empédocle se soit jeté dans une des bouches de l'Etna. Le souci de conserver le souvenir d'éruptions volcaniques a motivé de nombreuses peintures, en particulier en Italie. De nos jours, le volcan est devenu un sujet d'étude scientifique, les volcanologues cherchant à en prévenir les dangers en anticipant sur les risques de catastrophe. Il s'agit donc d'un thème très riche ouvrant sur des points de vue variés. On peut collecter facilement sur ce thème des images d'actualité, des documents géographiques et géologiques, des photographies de reportage montrant des volcans en activité, des vues aériennes, etc. On associe à ces documents des reproductions d'œuvres d'art de toutes époques : peintures, gravures, œuvres d'artistes contemporains.

L'ensemble fait l'objet d'un affichage soigné occupant tout un mur de classe.

Cet affichage est accompagné d'observations attentives, de descriptions précises, de documentations supplémentaires permettant d'aborder des domaines de savoirs multiples : histoire, géographie, cartographie, graphisme, etc.

C'est dans ce cadre que doivent surgir tout naturellement des motivations imaginaires conduisant à l'expression plastique et aux préoccupations artistiques.

Des documents historiques préparent la découverte des volcans tout en rappelant les temps passés, ou en faisant rêver aux voyages, à l'aventure, ou encore en se référant à la mythologie. Le récit de l'ensevelissement de Pompéi est aussi l'occasion de réfléchir au rôle de l'archéologie :

le Stromboli en éruption d'après une peinture du XVIIIe siècle, Pompéi et le Vésuve d'après une gravure du XIXe siècle, le dieu Vulcain.

Des documents proprement scientifiques ou documentaires font la part belle à des exercices plastiques particuliers :

recherche sur le geste graphique à partir d'une fontaine de laves, de nuées ardentes ; intérêts et dérives imaginaires à partir de représentations cartographiques ou de vues panoramiques : cratères explosifs d'après une carte d'Islande ou des volcans d'Auvergne ; jeux plastiques sur la notion de contraste : chaud/froid, négatif/positif, clair/foncé.

Des œuvres plastiques variées permettent de rencontrer la diversité des solutions adoptées par des artistes d'époques et de cultures différentes. En aucun cas, ils ne servent de modèles à imiter, mais ils permettent d'élaborer d'autres pistes d'expression en fournissant des possibilités plastiques, des idées de cadrage, des traitements de surface, etc. ;

- rigueur et netteté du cadrage chez Hokusai pour son Fuji-Yama, 1830 *(illustration n° 1)* ;

- l'apparente simplicité d'une calligraphie japonaise *(illustration n° 2)* incite à faire des travaux sur l'écriture à l'orientale, c'est-à-dire avec le pinceau et l'encre ;

- évocation imaginaire et stimulante d'un projet de timbre d'après Donald Evans, 1965 *(illustration n° 3)* ;

- jeu de dissimulation d'une figure à la manière des images d'Épinal devenant le prétexte à l'expression gestuelle : « Où se trouve le volcanologue ? » *(illustration n° 4)*.

illustration 1

illustration 2

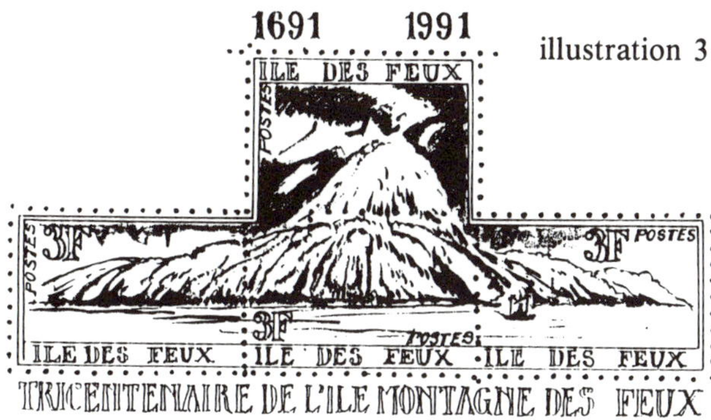

illustration 3

illustration 4

L'art contemporain fournit son propre lot de propositions imaginaires :

- Andy Warhol répète quatre fois son esquisse du Vésuve (1985) à la façon d'une planche à colorier *(illustration n° 5)* ;

- à son tour, Nils (8 ans) a bien voulu fournir, pour clore la série, deux de ses interprétations graphiques du volcan *(illustration n° 6)*.

illustration 5

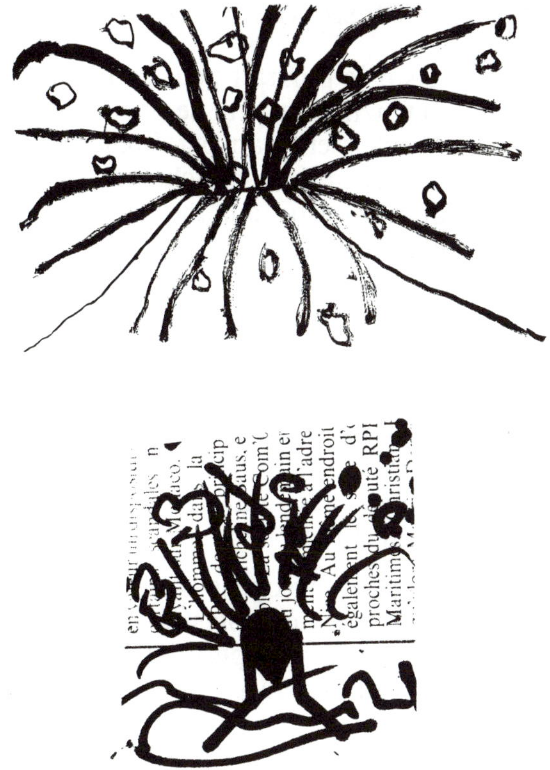

illustration 6

2.3. DU PORTRAIT À L'AUTOPORTRAIT

Une série sur le portrait peut commencer par les images des magazines et peut se prolonger par des photographies qui laissent transparaître la souffrance, la vieillesse, l'exubérance, la nonchalance, la trivialité, cette série peut aller jusqu'à la monstruosité via le masque, le maquillage ou la caricature. Cette série utilisera au maximum tous les effets de cadrage.

Le schéma classique de l'utilisation d'une documentation peut être, dans le cadre d'un travail sur le portrait et l'autoportait et après énumération des éléments principaux du visage et de la figure, l'affichage d'une série de portraits photographiés en noir et blanc qui viennent compléter les remarques plastiques faites auparavant et en direct.

Cette série sera hétérogène et veillera à montrer le caractère expressionniste et plastique d'un visage. Il faudra pour cela chercher des photographies d'artistes comme Richard Avedon, Marc Pataud, Bettina Reims, Brassaï. Une fois ces images vues et décrites, l'enfant peut passer à l'acte graphique trait/portrait avec une stratégie plastique définie par le groupe-classe et le maître.

Quand l'action plastique sera terminée, le maître peut monter une autre série de portraits et d'autoportraits aux traits réalisés par des artistes comme Ingres, Matisse, Picasso, Rainer, Baselitz... Cette exposition confortera les enfants dans leur pratique tout en leur donnant des références plastiques et culturelles.

Chaque enfant peut choisir une image pour chacun de ses camarades. Chacun affichera son paquet d'images et choisira ce que bon lui semble (des images entières ou des fragments d'images) pour se constituer un collage qui aura valeur d'autoportrait (on essaiera de garder un souvenir du paquet initial, soit par une photographie ou une diapositive, soit par des photocopies).

Toutes ces manipulations se feront sur le mur d'affichage,sur la table de tri ou à la place de l'élève pour les manipulations directes.

2.4. DU RÉEL À L'IMAGINAIRE

D'une série d'**animaux**, on peut passer — grâce à des gros plans — à des images de pelage ou de fourrure. De ces représentations émergeront des sensations qui seront décrites.

Avec ce même thème, on peut se diriger vers le bestiaire : les animaux deviennent des figures mythiques ou emblématiques avec de fortes particularités physiques et psychologiques.

Avec le thème de **l'eau**, on peut choisir un point de vue géographique et scientifique et répertorier bacs, bassins, rivières, torrents, lacs, mers, océans. On peut voir la qualité naturelle de l'eau et celle qui porte l'imagination (eaux vives, sourdes, noires, transparentes...).

2.5. DE L'ÉTUDE DOCUMENTAIRE AU DESSIN D'IMAGINATION

On peut commencer une recherche documentaire sur le thème de **l'arbre** avec des dessins et des photographies de catalogues de botanistes et de pépiniéristes.

La photographie ou le dessin d'un arbre qui a vocation documentaire peut évoquer une forme humaine. Le cinéma fantastique, la bande dessinée, le dessin animé, l'album pour enfants vont caricaturer cette prédisposition formelle.

On peut se constituer une collection sur les représentations de l'arbre « habitat ou habité », réalisées par des illustrateurs dans les bandes dessinées et albums pour enfants.

3. UN EXEMPLE D'ŒUVRE D'ART UTILISANT LE MUR D'IMAGES

Peter Blake (né en 1932),
Au balcon (1957), huile sur toile (121 × 91cm),
Tate Gallery, Londres.

Le peintre anglais Peter Blake a réuni ici différentes images se rapportant au thème du balcon. Chaque année, la famille royale d'Angleterre apparaît au balcon du palais de Buckingham. C'est autour de la photographie de cet événement que s'organisent les autres images :

- le balcon peint par Manet en 1869 et, sur le même sujet, trois tableaux que Blake imagine peints par des amis ;

- une carte postale représentant un dessin de Matisse ;

- la couverture de la revue *Life* montrant la princesse Margaret appuyée à une balustrade ;

- des photographies en noir et blanc ;

- des images d'objets de consommation courante : paquets de cigarettes, bouteille de lait…

2

Les images semblent collées, mais en fait Blake les a peintes en trompe-l'œil. Des enfants tiennent les images face à nous, comme pour nous les présenter. Ils sont peints maladroitement et l'artiste ne cherche pas à simuler vraiment un espace en profondeur. En fait, on a l'impression d'un tableau d'affichage sur lequel Blake aurait épinglé les images qu'il aime bien, comme sont épinglées les décorations que porte chaque personnage. À l'extrême droite, il ajoute son autoportrait quand il était enfant : il porte autour du cou la photographie de son ancien professeur d'art. Ce tableau est bien en lui-même un véritable mur d'images.

L'artiste a procédé ainsi : il a assemblé des images extraites de revues, des photographies personnelles, des objets. Il a choisi parmi ces documents ceux qui répondaient au thème qu'il s'est donné de traiter (des personnages à un balcon). Il a collé ces images sur un papier. Il a ensuite dessiné son projet de peinture (les personnages reliant les photographies). Puis, il a exécuté son tableau d'après ce modèle. C'est un moyen d'unifier l'ensemble en n'utilisant qu'une seule technique, la peinture.

Blake aurait pu ne pas reproduire les photographies et coller ses images. Il aurait quand même effectué plus qu'un simple collage de photographies. Son activité ne se réduit pas à celle d'un « colleur d'images ». Ce qui fait le propre de son travail d'artiste, c'est de donner une signification à cette réunion d'images qui évoque maintenant tout un passé, celui de son enfance, et aussi celui de notre propre enfance. Mais cela ne suffit pas : à ce passé sont liées des références culturelles comme la tradition, en histoire de l'art, du thème du balcon. En traitant ce thème, Blake l'amplifie pour le rattacher à celui, plus général, de la sacralisation (frontalité des éléments représentés, aspect figé, encadrements, tableaux dans le tableau...).

L'œuvre trouve alors un retentissement en nous-mêmes, nous pouvons nous identifier à elle.

4. PISTES DE TRAVAIL

4.1. QUELQUES TRANSFORMATIONS DE MURS D'IMAGES

Des images à l'envers, des images associées, des images complémentaires, des images à donner...

S'approprier des images, se donner des images, faire son autoportrait avec des images, cacher des images, deviner des images, dicter des images...

Des images détournées, des images mimées, des images rituelles, des images pour faire une histoire, des images pour faire une image, une image à deviner, un jeu d'images, une image parasite, des images qui envahissent les murs, une image qui pose une question, une image qui apporte la réponse, l'image-surprise, fabriquer son livre d'images, organiser son musée personnel, faire un journal sans texte, s'afficher...

4.2. METTRE UN TITRE

On peut titrer une image ou un paquet d'images. Les titres seront assez grands pour être lus à l'affichage. Ils seront découpés dans des journaux, revues, affiches, dépliants ou magazines. Les mots que l'on ne trouvera pas en entier seront fabriqués caractère par caractère, découpés et collés, ou écrits et imprimés, avec le matériel informatique de l'école. Ces titres seront eux aussi contrecollés sur du bristol, papier fort ou carton pour être plus facilement manipulables et affichables à proximité d'une ou de plusieurs images.

Mais on peut aussi chercher plusieurs titres à une même image ou à une même série d'images, ou mettre un titre par hasard à une image ou une série d'images.

4.3. SE SERVIR DES IMAGES

La documentation iconographique peut être inductrice (avant), incitatrice (pendant) ou complémentaire (après) d'une action plastique.

1. Pour trouver des thèmes ou sujets

On peut, parallèlement à une pratique d'affichage, chercher des actions plastiques qui sont dans la logique du thème et du (ou des) sujet(s) abordé(s). Ces actions seront ainsi alimentées par une aide extérieure et prendront une tournure différente.

2. Pour faire des relations
Se référer aux pratiques plastiques professionnelles passées et actuelles constitue le prolongement souhaitable d'une action achevée. L'enfant pourra ainsi faire des rapprochements conceptuels ou techniques entre son œuvre et celle des artistes (il ne s'agit pas de comparer ses propres œuvres avec celles des artistes, mais plutôt de constater que l'on a travaillé dans le même sens).

La reproduction d'œuvres a ses limites et il faut envisager des sorties dans les musées pour retrouver le ou les originaux. La documentation iconographique a, dans ce cas et surtout au niveau d'une ville ou d'une région, une fonction de repérage (où trouver l'œuvre originale et comment ?).

3. Pour conclure une action
Un affichage plastique peut venir après une pratique et conforter l'enfant dans celle-ci comme, par exemple, afficher des images qui tentent la restitution de matières.

4. Pour trouver des prolongements
Au bout de quelques jours d'affichage, des décisions plastiques peuvent se prendre comme, par exemple, passer toutes les images à la photocopieuse pour les libérer de la couleur et voir ce qu'il en reste, ou utiliser ce nouveau mur d'images comme support à une peinture collective.

5. Pour s'approprier une image
Isoler une image consiste à la sortir du contexte dans lequel on l'a prélevée afin de mieux l'observer pour elle-même.

Une image significative peut être choisie pour un travail de transformation.

6. Pour détourner le sens d'une ou plusieurs image(s)
On pourra jouer sur le (ou les) titre(s) d'une image ou d'une série, détourner le sens.

On pourra placarder un même titre à côté ou directement sur l'image, et voir l'effet produit pour en tirer une action plastique.

On imaginera aussi un premier travail plastique de transformation (sans altérer les images) par le biais de calques, de photocopies, de photocopies sur transparents, de collages provisoires, de lucarnes ou simplement à vue, pour détourner les images de leur sens premier ou pour faire émerger une anecdote ou un élément plastique déterminant.

7. Pour aider à la représentation

Un affichage thématique peut être aussi prévu pour une aide à la représentation fidèle du réel. L'enfant confronté à un problème de dessin s'inspirera de ces images. Il aura recours au calque, à la photocopie, à l'agrandissement.

8. Pour une suite monochrome

On peut constater, sur un mur d'images, une dominante colorée et chercher à renforcer cette couleur jusqu'à l'obtention d'un monochrome : en déplaçant ou en remplaçant des images par une action picturale (peindre sur les images avec une seule couleur) ou mécanique (photocopier avec une couleur).

B. À partir de l'objet

L'enfant aime amasser, manipuler, ranger, classer. Il recueille un objet pour des raisons liées à la nature de celui-ci ou à son aspect. Il l'investit d'une charge affective et peut-être de valeurs magiques, d'autant qu'il ne sait d'où cet objet vient. Le fait que, par ailleurs, l'objet ait été trouvé implique qu'il a pu être perdu, que la rencontre a été fortuite, mais qu'il n'a pas été ramassé par hasard. Ces objets sont très variés : cailloux, coquillages, marrons, boîtes d'allumettes, bouchons, boutons, jouets, etc.

1. SOLLICITATIONS DES ÉLÈVES ET RÉALISATION

1.1. PREMIÈRE SOLLICITATION DES ÉLÈVES ET RÉSULTATS OBTENUS

« Apporte un objet que tu as trouvé. »

Cycle 1 : « Fais quelque chose avec, ou autour de ton objet. »

Fin de cycle 1 et cycle 2 : « Cherche-lui des compagnons et mets-les ensemble. »

Fin de cycle 2 et cycle 3 : « Raconte la découverte de ton objet, la rencontre entre toi et lui. » ou « Imagine l'histoire, c'est-à-dire le passé de l'objet. »

À partir de l'objet trouvé, les enfants expriment leur affectivité et leur imaginaire par la narration écrite, orale, dessinée.

Commentaires sur les productions obtenues

Cycle 1 : Toutes les productions répondent plutôt à la démarche de l'enfermement (mise en boîte et emballage), de l'accumulation (alignement d'objets) ou de l'assemblage, ce dernier pouvant être réalisé collectivement.

Cycle 2 : Les productions sont pour l'essentiel proches, selon l'âge des enfants, de celles des cycles 1 ou 3.

Cycle 3 : Les réponses écrites sont généralement de deux types :

- réalistes, « j'ai trouvé »..., narration simple de l'événement référé à la vie personnelle ;
- imaginaires, « il était une fois », « un jour », « j'ai rêvé »... ; se retrouvent alors les images de l'angoisse évoquant la dévoration et l'emprisonnement (monstre, ogre, caverne, cage, château hanté...), opposées aux images de la sécurisation évoquant la libération (fée, lumière). L'objet est doté d'un pouvoir magique et l'enfant s'estime être le sauveur d'un « chef-d'œuvre en péril ».

1.2. DEUXIÈME SOLLICITATION ET RÉSULTATS OBTENUS

Pour tirer parti des résultats précédents, l'enseignant propose :

- de procéder à une recherche de matériaux ou d'autres objets qui complètent et renforcent les premières réalisations. Pendant cette recherche, où il nourrit son imaginaire, l'enfant accumule, amasse de manière désordonnée des éléments hétéroclites. L'enseignant sera parfois amené à apporter lui-même des objets, à guider les enfants dans leur nouvelle collecte ;
- de mettre en scène l'objet avec son environnement, un épisode de son histoire (l'objet et ses compagnons, les origines de l'objet, la naissance de l'objet, etc.).

Le maître aide éventuellement à la réalisation, notamment en ce qui concerne le choix de l'espace de la présentation (boîte, emballage préfabriqué, socle, etc.) ou les techniques d'assemblage. Au fur et à mesure que le travail avance, l'élève prend conscience de la signification de ce qu'il fait. La recherche amène à des rapprochements logiques ou insolites, formels ou poétiques entre les objets.

2. RÉALISATION ET ANALYSE DES PROCÉDÉS UTILISÉS PAR LES ÉLÈVES

Les réponses obtenues appartiennent à des thèmes qui relèvent de l'imaginaire tels que le trésor, la collection, le musée personnel. La mise en valeur des objets collectés se fait par des procédés de théâtralisation et des techniques d'assemblage. À titre d'exemple :

- le trésor : un pendentif de pacotille est enfoui dans un coffret, une série de bijoux est fabriquée en papier d'aluminium ;

- la collection : des pièces étrangères sont alignées avec précision dans un couvercle de boîte de chaussures ;

- le musée personnel : l'objet est rangé dans un cahier fabriqué au fur et à mesure des besoins, une image de chat à laquelle sont adjoints d'autres images et des dessins faits par l'enfant ou ses camarades. C'est le musée thématique, mémoire du temps.

Pour faire l'analyse des productions, le maître peut procéder de deux façons :

- les travaux sont exposés à l'ensemble de la classe, chaque élève apporte les éclaircissements nécessaires en explicitant sa démarche, ce qu'il a voulu dire, comment il a procédé ;

- les élèves sont invités à dessiner en format réduit leur première production. Ce dessin sera conservé comme mémoire. Cela suppose l'obligation d'observer pour reproduire, la transposition d'un volume sur un plan (la feuille de dessin), avec un changement d'échelle dû au format et implique l'approfondissement de la réflexion : la pensée se précise, le projet prend corps.

3. LE RECOURS AUX PROCÉDÉS UTILISÉS PAR LES ARTISTES

À titre d'exemple, sont présentés ci-après certains procédés de théâtralisation utilisés par des artistes :

• par des rideaux encadrant les apparitions somptueuses de portraits peints, par exemple : *Charles VII* de Jean Fouquet, *Louis XIV* de Hyacinthe Rigaud, *Richelieu* de Philippe de Champaigne. Dans *Cameleonardo da Willich*, Sigmar Polke peint sur un rideau derrière lequel il apparaît 6 ;

• par un système d'écrans :

- verticaux, comme chez Nicolas Poussin ;

- obliques, clairs sur foncé ou inversement, par exemple dans *La Mort de Sardanapale* d'Eugène Delacroix ;

- horizontaux, par exemple dans *Le Colosse ou la Panique* de Francisco de Goya 4, le géant surgit derrière l'écran horizontal constitué par des nuages ;

• par des simplifications de couleur, de forme, en vue de rendre l'effet plus intense, par exemple dans *La Danse* de Henri Matisse ▭ 5 ;

• par le fait de représenter les choses à l'aide de la peinture, du dessin, du modelage, par exemple dans *Trompe-l'œil* d'Alexandre Isidore Leroy de Barde ▭ 3, voir page 77 ;

• par une présentation soignée : exposition, installation ; par exemple, dans *Museum*, Joseph Cornell présente des objets dans des boîtes et des flacons ;

• par encadrement, par isolement d'un élément, par des différences d'aspect (de techniques, de matières, de couleurs...) ; par exemple dans *Le Déchiffreur* de Jean Dubuffet ▭ 1 ;

• par la pose figée des personnages ▭ 1.

▭ 6

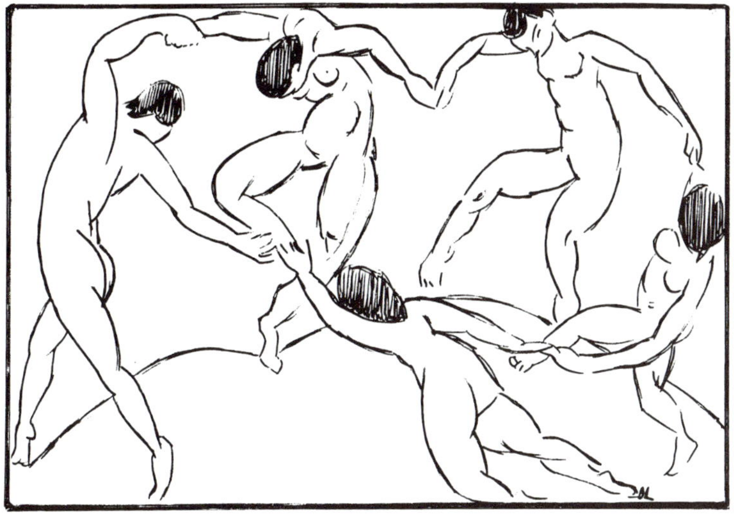

5

4

1

4. L'ŒUVRE D'ART

Le Déchiffreur 1 fait partie de la série « *Théâtre de mémoire* » réalisée d'octobre 1975 à décembre 1979. L'analyse suivante en est proposée :

- Cette composition de grand format est un assemblage, une juxtaposition par collage de fragments tirés d'œuvres réalisées antérieurement, ou d'autres produites tout exprès ; ces extraits sont réunis pour qu'un lien s'établisse. Tout cet ensemble donne une impression générale de désordre qui n'est qu'apparent puisqu'un quadrillage vertical organise l'assemblage des fragments. La palette des couleurs utilisées, les figurations, les cheminements du regard viennent renforcer cet effet.

- Ce qui attire tout d'abord, ce sont les personnages de style enfantin rapidement tracés, cadrés différemment, présentés de face, encadrés, comme dans une boîte. Ils ont l'aspect figé, aspect renforcé par la technique de découpage aux ciseaux. On perçoit d'autres objets, jardins, chemins, quantité de gribouillages, de points, de hachures.

- Dans ce « Théâtre de mémoire », Jean Dubuffet prend le parti de la réminiscence (retour vers le passé) et de l'autocitation (rappel de réalisations antérieures). En effet, comme cela se passe dans notre mémoire, cette œuvre regroupe des scènes et des événements appartenant à des lieux et à des moments différents. La mémoire tisse des images qui se bousculent dans leur simultanéité, s'empilent, ou qui, au contraire, s'étalent dans le temps, s'amplifient ou se dissolvent.

Jean Dubuffet rend compte ici de la complexité et de la richesse intérieure de l'être humain. Jouant des mélanges d'écritures, des rythmes, d'espaces, de temps, c'est tout son passé qu'il met en scène.

La diapositive n° 3 « *Trompe-l'œil* » d'Alexandre Isidore Leroy de Barde, illustre tout ce qui a été évoqué dans les paragraphes précédents[1].

En se référant aux recherches précédentes des élèves, l'enseignant leur présente cette œuvre à la fois comme collection en tant que réunion d'objets de même type, et comme musée thématique.

3

(1) L'artiste Isidore Leroy de Barde (1777-1828), peu connu, probablement autodidacte, mène une partie de sa carrière en Angleterre où il se spécialise dans la représentation de telles « curiosités ».

Ce trompe-l'œil autorise l'identification de tous les éléments (répertoriés dans un catalogue de 1814 du musée Bullock) :

- Caisse supérieure autour d'un gros ara bleu, de gauche à droite :
  · en haut, toucan acari, engoulevent de Virginie (ailes déployées), faisan doré,
  · en bas, pluvier à collier, jacana (faisan d'eau à longues pattes), oiseau tailleur, phalarope gris, manakin rouge (ou coq de roche de Guyane avec aigrette en panache) ; perché sous le faisan doré un tangara moucheté ;
- Caisses de gauche :
  · en haut, chevalier combattant,
  · en bas, jaseur de Bohême, pigeon à grande queue ;
- Caisses centrales, de gauche à droite, grenadier gros-bec, martin-pêcheur (ailes ouvertes), diamant, guêpier ;
- Caisses de droite :
  · en haut, étourneau,
  · au centre, bouvreuil brésilien, couple d'avadavat,
  · en bas, macareux moine, tête de bec-en-ciseaux ;
- Caisse centrale du bas : anhinga d'Amérique (long col et plumage tigré), perroquet, bouvreuil et œufs ; autour d'un œuf d'autruche reconnaissable à sa taille, de gauche à droite et de haut en bas : œuf tronconique de guillemot, œuf vert de casoar, œuf moucheté de pluvier, œuf blanc de poule en avant duquel deux petits œufs de roitelet et de pinson, œuf minuscule de l'oiseau-mouche, œuf moucheté de coq de bruyère, œuf de merle, œuf de cane surmonté d'un œuf de pigeon.

Afin de créer une illusion d'optique qui trompe le spectateur, l'artiste reproduit fidèlement des oiseaux empaillés, grandeur nature, dans les caisses. L'œuvre nous invite à une méditation sur la vie (naissance et mouvement) et la mort (tête coupée du bec-en-ciseaux). L'oiseau évoque à la fois le ciel et la terre.

L'artiste, pour théâtraliser, a recours à de fausses perspectives et à des ombres portées arbitraires et systématiques qui rendent plus lisible son sujet, par :
- une accentuation de la profondeur fictive,
- une différenciation accrue des points de vue (plongée et contre-plongée) qui délimite avec force le champ de chacune des caisses,
- le détachement en clair sur sombre des oiseaux,
- le redoublement de leur profil par l'ombre portée,
- la mise en valeur par le contraste coloré (masse bleue de l'ara, jaune et vert des œufs),

- l'encadrement, chacune des caisses n'étant que prétexte à isoler un motif pour le représenter (le mettre en valeur, voire le magnifier),

- la précision pour détacher les éléments les uns des autres et les distinguer (les œufs),

- la représentation des oiseaux sous leur aspect le plus significatif,

- la mise en scène : les casiers structurent l'ensemble et acheminent le regard de détail en détail et chacun d'eux présente un petit événement, organisateur d'un ensemble miniature :

· partie supérieure : les diagonales croisées des deux grands oiseaux déterminent un compartimentage où se placent parfaitement les autres formes, telle que la position du toucan qui souligne le cadre, enchaîné avec l'horizontale de l'envergure de l'engoulevent, en bas à gauche la parfaite inscription du pluvier et du jacana (courbe du col, contre-courbe des ailes) dans l'arc de la queue du faisan, une impeccable ordonnance soustend l'apparent désordre accumulatoire ;

· partie latérale : à gauche, le chevalier combattant s'ébouriffe dans une boîte qui le contient mal ; à droite, derrière l'indifférent macareux moine, la tête coupée pend, comme suppliciée ;

· dans les trois caisses centrales, noter les positions respectives des oiseaux et la place, la forme des rameaux, la qualité de l'éclairage.

5. TRAVAIL D'APPROFONDISSEMENT : L'ASSEMBLAGE

Un ensemble d'objets ayant été réuni, les associer entre eux et constater les effets produits. Par exemple :

• L'assemblage des objets produit une signification, laquelle ?

• Comment faire pour associer deux objets différents ? Utiliser des procédés d'unification, de masquage : peinture, papier collé, enveloppement...

• Associer des objets ensemble pour composer un personnage, un animal...

• Associer des éléments de différents objets,

• Associer des objets ou des fragments d'objets de même couleur.

6. PISTES DE TRAVAIL

À un moment de ce travail, les élèves ont été amenés à évoquer le trésor, la collection et le musée personnel.

6.1. LE TRÉSOR *(illustration 1)*

Trésor : Jessica enfouit dans un « coffret » une montre de pacotille, et fabrique en papier d'aluminium une série de bijoux.

illustration 1

Le trésor est en lui-même un symbole essentiel pour l'imagination des enfants. L'enfant se plaît à l'imaginer enfoui, à ne le découvrir qu'au terme de longues épreuves et à l'issue de combats dont il sortira vainqueur. On lira, par exemple, *l'Ile au trésor* de Stevenson qui satisfait pleinement la soif d'aventure et le goût pour le fantastique des enfants.

Les élèves poussent plus loin leur rêverie. Émergent alors les notions de préciosité et de richesse, de raffinement et de beauté, ainsi que celle d'invulnérabilité (malle, cachette...), liées à l'idée de trésor. Des objets sont apportés, présentés, on les cache en les enfermant dans des boîtes, en les laissant voir à demi. En effet, plus que les objets eux-mêmes, c'est cette présentation qui leur conférera le statut de trésor. Les élèves seront amenés à chercher les moyens « d'anoblir » un objet en soignant sa présentation (en l'encadrant, en le recouvrant de papier doré ou argenté, en le posant sur un socle, en jouant sur l'accumulation d'objets identiques, en insistant sur le rôle de la couleur, sur l'importance de l'éclairage...).

6.2. LA COLLECTION ET LE MUSÉE PERSONNEL *(illustrations 2, 3 et 4)*

illustration 2

illustration 3

Collection : Nicolas aligne avec précision des châtaignes, des noisettes, des marrons et des pommes de pin. Sabrina a fabriqué de petits coffres en bois pour ranger ses pierres.

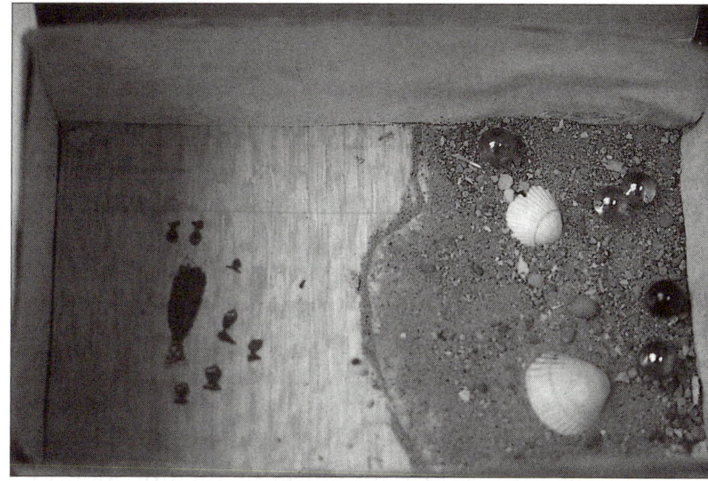

illustration 4

Musée personnel : Sandra choisit de situer son objet dans une boîte à chaussures. L'objet est un coquillage auquel elle adjoint d'autres coquillages et des billes. Elle présente le tout dans un décor de bord de mer. C'est le musée personnel thématique, mémoire du temps tout autant que recueil exemplaire.

Beaucoup d'élèves collectionnent déjà des timbres, des images, des modèles réduits... Pour qui commence une collection, il est recommandé de regrouper des objets sans idée préconçue. Des relations s'établissent, de nouvelles idées apparaissent alors, la collection se fondant sur les ressemblances et les analogies (de formes, de fonctions, de matières, d'origines, d'idées...).

Cela débouche sur la constitution d'un musée personnel dans lequel les objets sont esthétiquement mis en valeur. Présenté, exposé, chaque objet de la collection devient alors un objet précieux entouré de soins attentifs, un objet de curiosité qui provoque l'imagination. C'est un objet que l'on affectionne parce qu'on l'a cherché, parce qu'on l'a choisi, parce qu'on le promeut. Le musée personnel témoigne d'une sensibilité. Il donne une image de son auteur qui, en le montrant, se montre lui-même, et se construit par là même une identité. En outre, c'est tout un ensemble d'actions qui est en réserve par cette pratique, le musée personnel étant source d'activités dans de multiples domaines, toutes les disciplines scolaires pouvant s'y trouver représentées. Par exemple, des collections de boîtes, de bouteilles, de coquillages, de pierres, de feuilles, de plumes, d'images... seront sources d'activités plastiques pouvant susciter l'intérêt des élèves dans les domaines des sciences naturelles, des mathématiques, de l'histoire, de la géographie... (voir aussi le chapitre « le mur d'images »). À l'inverse, toutes les disciplines peuvent être à l'origine d'une collection, voire d'un musée personnel ou collectif.

6.3. CONCLUSION

À partir d'un objet, on a ainsi réussi à faire adopter une conduite de création qui exprime une identité personnelle. On s'est aperçu que la démarche pédagogique n'a pas été « linéaire », l'enseignant ayant toujours le souci de tirer parti au maximum du potentiel présent en chacun de ses élèves. Pour cela, il doit être exigeant quant à la qualité des productions (en n'hésitant pas à faire recommencer) et à leur signification (en questionnant, en informant et en synthétisant les réflexions des élèves).

C. À partir de l'œuvre d'art

QUAND ET COMMENT UTILISER LES RESSOURCES DE L'ŒUVRE D'ART ?

Toute séquence d'arts plastiques implique une culture artistique. Cette dernière inclut les œuvres appartenant au patrimoine mondial.

Selon qu'il présente l'œuvre à un moment ou à un autre d'une séquence, l'enseignant en utilise différemment les contenus culturels. Quand elle est proposée pendant une séquence, l'œuvre doit répondre à une attente. L'enseignant peut ainsi enrichir le contenu d'une production de l'élève et relancer l'intérêt.

Il arrive aussi que les élèves aient le désir de réaliser quelque chose ou qu'ils aient l'intention de modifier le cours de leur travail. Dans ce cas, ils demandent des renseignements en relation avec ce qu'ils veulent faire. C'est le moment de mettre à leur disposition des reproductions d'œuvres d'art pour leur montrer des exemples de procédés plastiques utilisés par des artistes. Dans ces images, les élèves puisent des idées qui les aideront à poursuivre et à améliorer leur travail.

1. SOLLICITATIONS DES ÉLÈVES ET RÉSULTATS OBTENUS

1.1. À L'ÉCOLE MATERNELLE

« Fermez les yeux et pensez à quelque chose qui vous fait très peur, vous allez le dessiner pour qu'on ait peur, nous aussi, en le regardant. »

« Pensez à quelque chose qui vous rend heureux, contents, et à ce qui vous fait du bien, vous allez le dessiner pour qu'on soit, nous aussi, heureux, en le regardant. »

1.2. À L'ÉCOLE ÉLÉMENTAIRE

« Fais un travail qui exprime ta peur. Tu montreras ce qui te fait peur, mais tu essayeras aussi de trouver des moyens pour qu'on ressente cette peur. »

« Fais un travail qui exprime ta joie de vivre, ce qui fait que tu es content. Là aussi, tu essayeras de communiquer cette impression à ceux qui regardent ta réalisation. »

Outre la formulation, seul le degré d'exigence de l'enseignant vis-à-vis des productions de ses élèves sera différent d'un cycle à l'autre.

1.3. POURQUOI CES DEUX INCITATIONS ?

Les deux incitations qui démarrent cette séquence sollicitent l'affectivité des élèves. On s'adresse à leurs sentiments, à leur vécu.

Les deux incitations permettent d'obtenir des productions dont les différences sont facilement constatées par des élèves. Par ces deux incitations, nous amenons l'enfant à faire un retour sur lui-même en faisant appel à ses souvenirs, ce qui provoque un élan créateur.

1.4. RÉSULTATS OBTENUS DANS LE CYCLE 1

Les enfants ont manifesté leur crainte du feu et des araignées avec, en arrière-plan, la mort et la souffrance. Le bien-être a été exprimé par des bras enveloppants, l'abri, la maison, la famille, la couverture..., et ceci avec des couleurs douces et tendres où le bleu et le rose ont un rôle apaisant.

Les enfants ont utilisé de préférence les craies de couleur d'un maniement plus aisé, ce qui leur a permis de traduire plus directement leurs impressions immédiates.

Dessins d'enfant n° 1

1.5. RÉSULTATS OBTENUS DANS LE CYCLE 2

Dessins d'enfant n° 2

Les enfants ont ressenti la nécessité de raconter une anecdote, de se mettre eux-mêmes en situation. Ils ont réclamé la possibilité d'écrire. Ils ont souvent représenté plusieurs scènes sur un même dessin. Voici des exemples de ce qui a été évoqué : animaux (serpent, araignée, ours, crocodile, loup, mille-pattes, requin), monstres, fantômes, sorcières, mais aussi le cauchemar, la nuit. Dans ce contexte d'expression du sensationnel, la traduction de la joie de vivre est moins motivante. L'outil le plus couramment employé a été le feutre.

1.6. RÉSULTATS OBTENUS DANS LE CYCLE 3

Les élèves du cycle 3 se sont moins impliqués que les plus jeunes. Les dessins montrent ce qui leur fait peur ou ce qui exprime leur joie sans se soucier des moyens plastiques qui pourraient traduire cette peur : contours, couleurs. Quand l'enseignant a demandé d'utiliser des moyens pour traduire la peur ou la joie de vivre, les stéréotypes sont réapparus : noir, rouge et lignes brisées d'une part, bleu, douceur, d'autre part. Le crayon semble recouvrer ses lettres de noblesse.

Dessin d'enfant n° 3

2. RÉALISATION : ANALYSE DES PRODUCTIONS DES ÉLÈVES

2.1. ANALYSE DE LA CONDUITE CRÉATRICE

Les productions sont analysables au plan qualitatif. Quelle conduite, quel mouvement intérieur ont permis d'arriver à donner l'impression de la joie de vivre ? C'est pourquoi, dans l'analyse auprès des élèves, les verbes doivent être préférés aux substantifs. Car, en arts plastiques, rien n'est définitif. Il s'agit de rester dans un état de disponibilité, d'être capable de remises en question. C'est le degré d'implication de l'individu lors de la démarche qui conditionne la qualité des réalisations :

- sa manière d'agir, c'est-à-dire sa manière de mettre en forme et de transformer ;
- ce qu'il a eu envie de représenter, compte tenu de la charge affective que comporte toute réalisation ;
- sa manière d'être, l'état propre à l'enfant au moment de sa production.

2.2. ANALYSE DES PROCÉDÉS UTILISÉS

La conduite créatrice présentée ici correspond à la première phase du processus créateur, celle de nécessaire retour sur soi-même. Cette conduite a déterminé les démarches suivantes de la part des élèves : exprimer des impressions, raconter, présenter des situations.
Les procédés utilisés ont été :

- pour exprimer des impressions, l'emploi du contraste et de la déformation *(dessins d'enfant n° 1)* ;
- pour raconter, la juxtaposition de vignettes, l'usage de textes *(dessins d'enfant n° 2)* ;
- pour exprimer une situation tragique, le rabattement des plans *(dessins d'enfant n° 3)*.

L'analyse des procédés se fait donc en termes d'inventaire de moyens. Comment avez-vous raconté avec des dessins ? Comment avez-vous exprimé des situations, des impressions ?

3. LE RECOURS AUX PROCÉDÉS UTILISÉS PAR DES ARTISTES

On constate que l'enfant a engagé la totalité de ses ressources dans la production : ressources liées à ses motivations, son affectivité, son intelligence, sa sensibilité et ses intérêts. Il a besoin de progresser. À cet égard, l'exemple des artistes peut être stimulant.

Mais l'enfant ne pourra s'approprier cette culture artistique que si elle s'inscrit dans ses préoccupations.

Il ne s'agit donc pas de copier des œuvres (par exemple, *Le Cri*, d'Edvard Munch), mais d'imiter des actions (ici, de déformer). L'élève s'intéressera alors à trouver chez les artistes les procédés plastiques dont il pourra lui-même se servir (la déformation par ondulation dans *Le Cri*).

À titre d'exemples, sont présentés ci-après les procédés plastiques utilisés par des artistes pour exprimer la peur ou le bien-être.

3.1. EXPRIMER LA PEUR

Pour exprimer **la peur**, l'artiste met en œuvre des démarches qui conditionnent l'utilisation de procédés :

- dissocier (exemple de procédé : en déstructurant les formes reconnaissables, *illustration 1*) ;

illustration 1
D'après Geoy Baselitz, *Peinture « fracturée »*, 1968. Un des personnages a été représenté retourné.

- déformer (exemple de procédé : en allongeant, *illustration 2*) ;

illustration 2
D'après Edvard Munch, *Le Cri*, 1893. Un exemple de déformation symbolisant l'angoisse.

- rendre indéterminé (exemple de procédé : en effaçant les contours, *illustration 3*) ;

illustration 3
D'après Odilon Redon, *Les Yeux dans la forêt*, 1855. Les contours du visage ont disparu.

- représenter une scène effroyable, un être effrayant, ou en furie (exemple de procédé : en caricaturant, *illustrations 4 et 5*) ;

illustration 4
D'après Francisco de Goya, dessins de visages grotesques, grimaçants.

illustration 5
D'après William Rimmer, 1879, expression de colère.

- <u>représenter un être hybride</u> (exemple de procédé : en juxtaposant deux moitiés d'êtres différents, *illustration 6*).

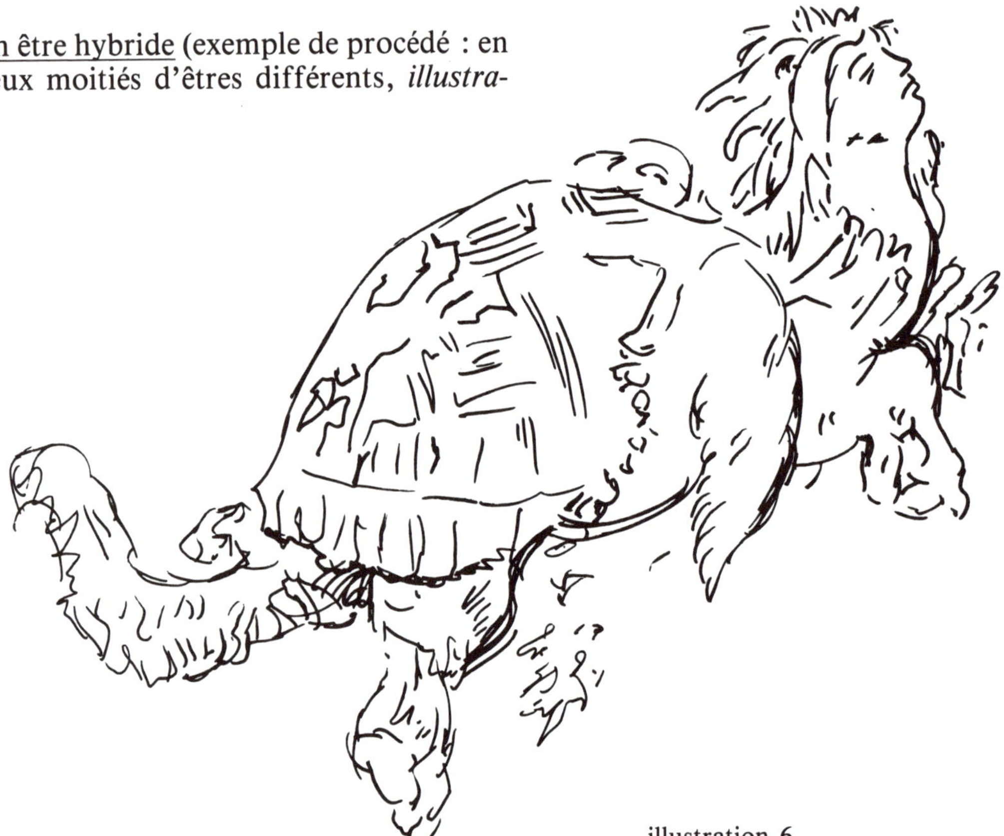

illustration 6
D'après Gustave Moreau, étude pour les chimères, 1884.

3.2. EXPRIMER LE BIEN-ÊTRE

Pour exprimer la **joie de vivre** et le **bien-être**, l'artiste met en œuvre des démarches qui conditionnent l'utilisation de procédés :

- s'envelopper (exemple de procédé : en entourant sa propre représentation, *illustration 7*) ;

illustration 7

D'après André Masson, *Mon portrait au torrent*, 1945. S'envelopper de tracés.

- s'intégrer (exemple de procédé : en mélangeant des matériaux à la peinture pour la rendre très épaisse) ;
- s'inclure (exemple de procédé : en s'incorporant dans sa propre réalisation par une marque, un objet, une signature, une empreinte..., *illustration 8*) ;

illustration 8

D'après Antonio Recalcati, 1960. L'artiste inclut l'empreinte de son maillot de corps à la peinture.

- retrouver son enfance (exemple de procédé : en utilisant des stéréotypes, *illustration 9*) ;

illustration 9
D'après Jean Dubuffet, peinture, 1946.

- retrouver un monde pur (exemple de procédé : en cernant des formes simples, *illustration 10*) ;

illustration 10
D'après Paul Gauguin, *Le Cheval blanc*, 1898.

- comprimer (exemple de procédé : en enfermant par une mise en page « serrée ») ;

- cacher (exemple de procédé : en voilant, en drapant, *illustration 11*) ;

- adoucir (exemple de procédé : en associant entre elles des couleurs voisines ou « éteintes » par du gris) ;

illustration 11
D'après Antonio Corviadini, *La Pudeur*, 1750.

- composer une scène évoquant la joie de vivre et le bien-être (exemple de procédé : en utilisant des formes rondes, *illustration 12*).

illustration 12
D'après Auguste Renoir, *Gabrielle et Jean*, 1895.

4. L'ŒUVRE D'ART DANS LE DISPOSITIF

4.1. MODE D'APPROCHE DE L'ŒUVRE D'ART

Le dynamisme de l'approche de l'œuvre d'art est toujours à préserver. L'élève doit être placé devant un problème à résoudre. Il s'agit de susciter et de nourrir l'imaginaire de l'enfant par des récits, des anecdotes, des histoires, des images.

L'œuvre est riche et pleine de sens, mais l'artiste travaille d'abord et les significations apparaissent alors (voir le développement de cette thèse dans l'ouvrage de E.H. Gombrich, *L'Art et l'illusion*, Gallimard, 1971).

L'art s'enseigne par des confrontations d'images — des images qui se ressemblent ou qui s'opposent — de différents artistes, de différentes époques, de différents pays, de différentes techniques. C'est pourquoi nous avons accompagné chaque élément de la démarche qui est à l'origine de la production de l'œuvre présentée, par au moins une autre image, ceci afin que l'enfant poursuive de lui-même sa propre rêverie. Celle-ci s'accomplira à partir d'images premières (celles de monstres, par exemple), d'actions de transformation (dissocier, par exemple), de jeux visuels (les superpositions, par exemple)...

Ces images et d'autres doivent donc être montrées aux élèves, non pour être béatement admirées, mais pour inviter à agir (voir ci-après les réactions des élèves et les pistes de travail).

4.2. COMMENT UTILISER L'ŒUVRE EN CLASSE ?

1. Projeter la diapositive et donner l'identité de l'œuvre aux élèves.

2. Laisser les élèves réagir, poser des questions et commenter. L'enseignant se contente de reformuler ce qui a été dit.

3. Présenter l'œuvre en répondant aux questions posées. Le plaisir esthétique naîtra d'une identification à l'œuvre et à l'artiste. L'enseignant s'implique en faisant appel à toutes les ressources de sa propre culture (il peut s'aider des quelques informations apportées dans les pages qui suivent).

4. Les élèves manifestent le désir de passer à l'action. Ils éprouvent le besoin de se documenter, mais aussi de réaliser un travail plastique selon le même sujet, selon les mêmes moyens, ou selon n'importe quel autre élément de l'œuvre. Il faut accepter ici l'imprévisible. De toute façon, les élèves auront envie de réaliser à leur tour quelque chose qui exprimera toujours leur être profond.

4.3. POURQUOI CES ŒUVRES D'ART ?

Les œuvres analysées ci-après ont été choisies parce qu'elles couvraient trois périodes différentes de l'histoire de l'art :

1. Francisco de Goya (1746-1828), *Le Colosse ou la Panique* (1809) : *diapositive n° 4.*

2. Henri Matisse (1869-1954), *La Danse* (1910) : *diapositive n° 5.*

3. Sigmar Polke (né en 1941), *Cameleonardo da Willich* (1979) : *diapositive n° 6.*

Ces trois œuvres représentent trois sensibilités différentes. En effet, il ne faut pas laisser croire qu'il existe une expression codée de la peur (par des couleurs sombres chez Goya) ou de la joie de vivre (par des couleurs vives chez Matisse). L'art contemporain (avec Polke) se caractérise par une liberté d'interprétation qui exclut également toute notion de codification.

UNE ŒUVRE D'ART ÉVOQUANT L'ÉPOUVANTE

Dans ce tableau, Goya...

symbolise

L'apparition d'un géant semble provoquer la panique parmi des caravanes d'hommes qui s'enfuient, affolés. Mais le colosse leur tourne le dos et s'apprête à combattre une force que nous ne pouvons voir. Nous sommes en Espagne, en 1808. Les armées napoléoniennes envahissent le territoire. Le colosse est un être fantastique censé protéger l'Espagne contre la menace étrangère. Cette image aurait été suggérée à Goya par la lecture d'un ouvrage qui connaissait alors un grand succès : *la Prophétie des Pyrénées* par Juan Bautista Arriaza, publié en 1808.

4

Diapositive n° 4
Francisco de GOYA (1746-1828), *Le Colosse ou la Panique* (1809),
huile sur toile, 115×105 cm,
musée du Prado, Madrid.

universalise
Il peint la hantise de la condition humaine, il voit le mythe à travers l'actualité : « La peinture, disait-il, choisit dans l'universel ce qu'elle juge le plus approprié à ses fins. Elle réunit en un seul personnage fantastique des circonstances et des caractères que la nature présente, répartis en très grand nombre... Et ces caractères universels eux-mêmes deviennent comme des sensations. »

anime
Dans ce tableau, la nature est habitée par un être étrange. Dans notre imagination, toutes les forces ont trouvé formes humaines, comme si l'univers était à l'image de l'homme et souffrait comme lui.

visualise
Il déploie ses qualités de visionnaire : au sein d'une atmosphère fantasmagorique, il fait surgir parmi les nuées une silhouette gigantesque. L'effet est stupéfiant, produit par le contraste entre une multitude en fuite, et l'affirmation du géant par des aplats simplifés de couleur.

Notre sentiment est d'incertitude, à la fois de crainte — quelle est cette menace qui pèse sur ce peuple ? — et d'espoir — le géant est là pour le protéger.

RÉACTIONS DES ÉLÈVES (exemples)

Cycle 1
« C'est noir et ça fait peur. On dirait que c'est un géant parce que le reste est tout petit. Il est dans les nuages, il est fort, il casse toute la ville, il est tourné, il ne peut pas attraper les gens. »

Cycle 2
« Des gens sont en bas, ils ont peur, il fait sombre, il y a des ombres, des silhouettes. Il fait noir et il y a un géant plus grand que les nuages. Si j'étais avec les gens, je me cacherais. Mais le géant leur tourne le dos. Il veut peut-être les protéger... L'artiste a trouvé une bonne idée. »

Cycle 3
« Le géant sème la terreur sur son passage. Il est fort, il est nu, il se prépare à combattre. La nuit tombe. Il y a plein d'animaux et de gens qui vont en calèche. En bas, c'est coloré, mais pas en haut. Les couleurs ne sont pas gaies. Cet artiste montre beaucoup d'imagination. »

D'AUTRES EXEMPLES

Symboliser
D'après Pablo Picasso, *Le Minotaure*, 1935.
Un autre symbole de l'Espagne.

Universaliser
D'après Francisco de Goya, *Saturne*, 1823.
Au géant est associé le monstre dévorant qui traduit, comme *Le Colosse*, les menaces pesant sur le peuple espagnol.

Animer
D'après Lionel Feininger, *We Willie Winkie's World.*
Dans cette vignette de bande dessinée, les arbres et les nuages deviennent des personnages.

Visualiser
D'après Honoré Daumier, *Les Émigrants*, 1843.
Image d'un peuple en fuite, indiqué succinctement par quelques taches contrastées.

UNE ŒUVRE D'ART ÉVOQUANT LA JOIE DE VIVRE

Dans ce tableau, Matisse...

« revigore le spectateur »
Cette œuvre fait partie d'un ensemble de trois panneaux décoratifs, commandés par Serguei Chtchoukine pour orner les trois étages de son hôtel particulier à Moscou. L'idée est d'évoquer les trois âges de l'homme dominés par trois états (l'action, la passion, la contemplation) en trois peintures : *La Danse, La Musique, Les Demoiselles à la rivière*. « J'imagine le spectateur qui entre, écrit Matisse, il a besoin d'être revigoré. »

fait participer
Cette ronde tournoyante sur le sommet d'une colline nous entraîne dans son dynamisme. Les couleurs nous éblouissent. Ainsi, l'œuvre va au-devant de nous, comme un vitrail, comme une icône, comme une enluminure du Moyen Âge, grâce à la lumière qui en émane.

Diapositive n° 5
Henri MATISSE (1869-1954), *La Danse* (1910),
huile sur toile, 260 × 389 cm,
musée de l'Ermitage, St-Pétersbourg.

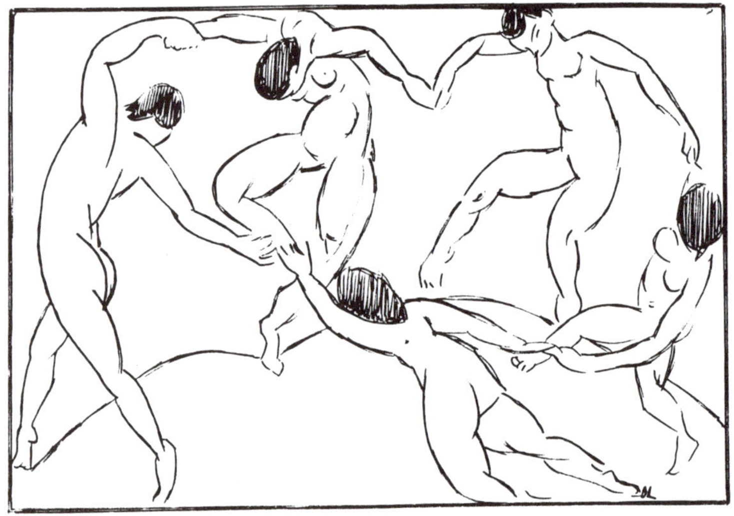

5

« Un beau bleu pour le ciel, le plus beau des bleus, le vert de la colline et le vermillon des corps », écrit Matisse, voilà « une création faite de lignes, de couleurs : si cette création n'est pas religieuse, elle n'existe pas ». Est religieux aussi le thème de la ronde, mythe solaire par excellence.

simplifie

« Nous arrivons à la plus haute sérénité par la simplification des idées et des moyens plastiques. » Aussi, Matisse extrait d'une œuvre antérieure — *La Joie de vivre* (1906) — le groupe de la danse dont il va pendant longtemps continuer d'épurer le mouvement.

signifie

Cette ronde n'est pas une danse quelconque ; elle symbolise la danse. Matisse énoncera ainsi sa théorie des « signes » : « Recherche d'un thème, d'une formule plutôt, d'un signe pour chaque chose... Avec des signes, on peut composer librement et ornementalement. »

RÉACTIONS DES ÉLÈVES (exemples)

Cycle 1

« Cela nous fait penser à un rêve. Ces bonshommes tournent, font un cercle, ils bougent. Ils sont bronzés. C'est au fond de la mer et ils se posent sur une pierre. Les couleurs ne sont pas tristes. C'est bleu, rouge et vert. »

Cycle 2

« Le tableau évoque la gaité, ils s'amusent, ils dansent, ils ferment les yeux, ils sont calmes ; mais aussi la gentillesse, ils se tiennent la main. Le bleu représente le ciel ou la mer, le vert c'est un rocher, un arbre ou un nuage. »

Cycle 3

« C'est une ronde triste et lente, les visages sont tournés vers le bas. Est-ce un prélude à un sacrifice, ou une danse pour fêter la naissance d'un enfant ? La femme de devant est en train de tomber, elle veut s'intégrer dans la danse, on essaie de la tirer. Celle qui se trouve juste au-dessus est vieille et bossue. On est sur une colline, ou bien à la cime d'un arbre, ou bien au Paradis et ce sont des anges. »

D'AUTRES EXEMPLES

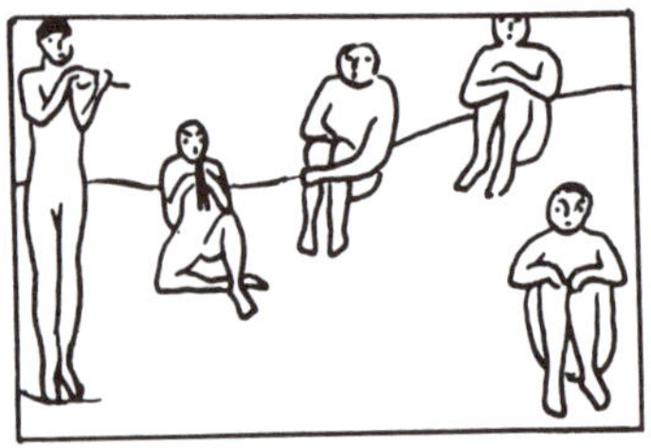

« Revigorer le spectateur »
D'après Henri Matisse (de bas en haut) : *La Danse, La Musique, Les Demoiselles à la rivière.*
L'étagement des trois panneaux décoratifs.

Faire participer
D'après une icône russe du XVe siècle.
Des lignes sinueuses invitent notre regard à en suivre le parcours.

Simplifier

1. D'après Henri Matisse, *La Joie de vivre* (1906).
Au centre, la ronde.

2. D'après Henri Matisse, *Étude pour Greta Prazor* (1916).
Le dessin réaliste devient signe.

Signifier

Trois signes dans le dessin ci-dessus : les volutes des cheveux, le signe « bouche » (« baiser continu parfaitement exprimé dans le signe du troisième nombre »), le signe « main » (« cela se termine par une main qui semble une fleur au bout de sa tige... »).

UNE ŒUVRE AMBIGUË

Dans cette œuvre, Polke...

piège
Polke prend le rideau de la salle à manger, le dispose en largeur, peint dessus, le « bombe », le déchire pour nous faire un pied de nez. Peu sérieux cet artiste en regard de Léonard de Vinci ! C'est que l'époque est différente. Les images nous envahissent aujourd'hui pour le meilleur et pour le pire. Toutes ces images forment le substrat de nos pensées. Elles se mélangent, se superposent, se brouillent mutuellement.

met en mouvement
« Les superpositions nous permettent de prouver un truc très simple, à savoir que tout est en mouvement. Et cette stratification ne s'arrête jamais. »

séduit
« Mes peintures ne cessent de se transformer, elles vibrent sans discontinuer. Il faut que tu regardes très

Diapositive n° 6
Sigmar POLKE (né en 1941), *Cameleonardo da Willich* (1979), acrylique sur coton damassé, 110 × 205 cm, musée national d'Art moderne, Paris.

6

vite mes tableaux. Les regarder, les prendre avec soi au lit, ne jamais les laisser seuls... » déclare Polke. Ainsi, leurs images nous investissent. Elles influencent tous les jours nos pensées qui ne parviennent plus à les maîtriser. Comme un caméléon, nous nous soumettons au goût du moment. De même, l'artiste s'identifie toujours à d'autres artistes (ici, à Léonard de Vinci). Polke évoque une « symbiose Léonard-Polke » et il crée ce mot valise : « Cameleonardo da Willich » à partir de caméléon, Léonard da Vinci et Willich (lieu de son atelier en Allemagne).

agresse

Polke dit : « un tableau arrive toujours à ses fins. Le tableau va chercher sa victime ». Il imagine de fabriquer des tableaux dont les couleurs seraient des poisons qui agresseraient le spectateur, lui feraient perdre tous ses cheveux... Comme Léonard de Vinci, il a le goût des farces et des mystifications.

RÉACTIONS DES ÉLÈVES (exemples)

Cycle 1

« Ça fait peur et c'est rigolo à la fois. Il n'y a que la tête qui fait peur, avec les yeux noirs. C'est un dessin animé avec Lucky Luke. Le dragon a l'air gentil. »

Cycle 2

« Excellent ! On dirait que le peintre a dessiné sur un drap fait de bandes colorées. Ces bandes sont claires et les personnages sont en noir. Tout est mélangé, les dessins sont faits les uns sur les autres, comme si plusieurs personnes avaient peint les unes après les autres sur un mur. Cela me plaît parce qu'il y a le corps d'un caméléon avec la tête du bonhomme et la branche. »

Cycle 3

« On dirait que deux tableaux sont mélangés, l'un en couleurs, l'autre en noir et blanc. Il y a plein de couleurs et de choses à regarder qui font penser au Carnaval. On reconnaît Lucky Luke. Peut-être est-on dans une salle de cinéma à cause du rideau. »

D'AUTRES EXEMPLES

Piéger
Polke apparaissant par un trou découpé dans le rideau.

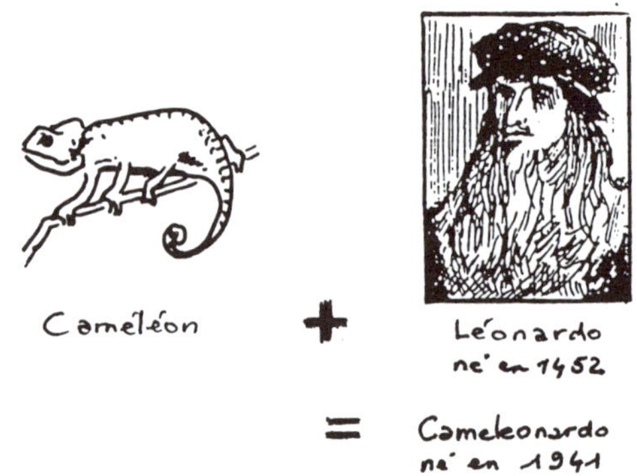

Séduire

Agresser

Mettre en mouvement, superposer
D'après Francis Picabia, 1938.

Ci-dessus : les trois visages qui sont superposés dans le tableau de Francis Picabia.

5. PISTES DE TRAVAIL (EXEMPLES)

5.1. CYCLE 1

Après le visionnement des œuvres, deux types d'activités plastiques sont envisageables :

- **réaliser quelque chose de précis**, ceci en relation avec d'autres activités déjà menées, par exemple :
  · un rouleau : « la vague de nos joies et de nos peines »,
  · un paravent : « faste et néfaste »,
  · un livre : « serpent de nos peurs » ;

- **réaliser à partir d'un matériel mis à disposition** ; dans ce cas, les matériaux induisent les productions sans qu'on puisse prévoir vraiment quels seront les résultats. On a procuré par exemple :
  · papier-affiche de couleur
  · papier pour ordinateur
  · feuille de papier blanc (21 × 29,7 et 30 × 42 cm)
  · ciseaux
  · colle
  · peinture et pinceaux
  · crayons et feutres.

Consigne : « Vous pouvez découper, plier, froisser, coller, peindre. »
À l'issue de la séance, les productions sont présentées à l'ensemble de la classe.

5.2. CYCLE 2

Les élèves ont eu envie :

- **de représenter :** des têtes de monstres, des géants qui font peur, des ombres, des silhouettes, des oiseaux qui planent dans le ciel, des gens qui dansent, des dragons chinois, Lucky Luke chassant le dragon ;

- **d'agir** (« à la manière de... ») :
  · copier fidèlement (refaire le tableau, le décalquer) ;
  · s'inspirer d'une de ces trois œuvres et modifier le format, le support, les outils, la technique (faire des ribambelles de personnages et les coller sur un papier, découper des personnages dans du papier journal) ;
  · imiter l'action, la manière de faire (faire un collage, peindre avec des couleurs sombres, faire des taches et dessiner dessus ou bien dessiner à partir de taches, dessiner au feutre sur du papier peint) ;
  · extrapoler (raconter la suite du tableau, faire une bande dessinée avec un géant qui fait peur) ;

- **de se documenter :** grouper des images en relation avec les œuvres proposées (thèmes évoqués, couleurs utilisées, état d'esprit produit).

5.3. CYCLE 3

Les désirs évoqués dans les deux premiers cycles subsistent, avec le besoin de travailler selon une intention, ce qui laisse à l'élève davantage d'autonomie. Pour les œuvres présentées, les pistes suivantes ont été envisagées :

- **l'échelle :** Comment étonner le spectateur par le grandiose ? Pour cela, on peut utiliser des moyens plastiques qui permettent de repérer, par opposition, ce qui est de l'ordre du normal. Un personnage donne l'échelle d'un paysage dessiné, peint ou photographié. Outre les différences de dimensions, les relations de couleurs, de formes, de matières..., jouent le même rôle.

- **le sacré :** Faire des réalisations qui interpellent les spectateurs. Quels moyens utiliser ? Des moyens plastiques tels que des couleurs vives et de même intensité qui rayonnent vers nous, des formes géométrisées, des présentations frontales...

- **l'énigme :** Comment susciter la curiosité des spectateurs ? Par des moyens plastiques tels que la superposition d'images, l'effacement, l'indécision, le rébus qui permettent de soupçonner que des représentations figuratives ou non recèlent un sens caché.

6. TRAVAIL D'APPROFONDISSEMENT (EXEMPLES)

OBJECTIFS DES EXERCICES

FAIRE APPEL À L'AFFECTIVITÉ

- Opposer deux couleurs, ou deux formes, ou deux matières de textures différentes. Les associer en montrant qu'elles sont des « ennemies ».

- Effectuer le même exercice avec des couleurs, des formes, des matières voisines, et les associer en montrant qu'elles sont des « amies ».

- Mélanger la peinture à du sable et à de la colle, l'étaler sur un carton et y mettre une marque personnelle : empreinte, signe, trace. On doit pouvoir identifier le travail de chacun.

- Modeler dans des matières de malléabilité différente : avec de la terre, de la terre à modeler, de la pâte à bois, de la plastiline, du plâtre mélangé à des chiffons...

- Confectionner une caverne en modèle réduit avec de la terre et divers matériaux. Insister sur la notion de protection.

METTRE EN RELATION

- Exagérer le mouvement général d'un dessin : tenter de reproduire ce qui est figuré sur un timbre-poste à l'aide d'une grosse brosse et de la peinture.

- Rendre incertain : mélanger deux dessins. Pour cela, dessiner sur deux petits papiers-calques, les superposer, et, sur un troisième morceau de calque, effectuer un dessin qui reprend des fragments de chacun des deux premiers dessins.

- Déformer : selon le procédé de la mise au carreau (quadrillage), reproduire un dessin en utilisant un réseau différent.

- Dissocier : faire un dessin, le couper et faire glisser les deux parties.

- Envelopper : confectionner un objet fictif avec des éléments hétéroclites. L'envelopper. Le donner à dessiner à ses camarades qui imagineront ce qui est enveloppé et le représenteront.

- Comprimer : dessiner un objet quelconque ou un visage, plier.

METTRE EN ŒUVRE UNE INTENTION

- Être excessif en se fixant un parti pris de travail : choisir une image simple au dessin bien défini. En reproduire le dessin par décalquage, colorier en déterminant les couleurs par tirage au sort. Dessiner quelque chose à l'aide, uniquement, de segments de droite, ou avec une seule ligne continue. Quels sont les effets produits ?

- Déformer en utilisant une contrainte : un personnage devra tour à tour remplir un carré, un cercle, un triangle. Dessiner deux objets qu'on rendra ressemblants.

- Représenter un être hybride en s'aidant de parties d'animaux connus. Utiliser une documentation.

- Représenter la fureur : mimer l'expression de la colère devant un miroir et se dessiner ainsi.

- Retourner aux origines : imaginer le commencement du monde (avant l'apparition des animaux).

THÉÂTRE ET ACTIVITÉS DRAMATIQUES

Ont participé à ce chapitre « Théâtre et activités dramatiques » :
Jean-Louis CABET
Henri GENESTAR
Jean-Claude LALLIAS
Jean-Claude LANDIER
Laurence SCOUFLAIRE

Introduction au théâtre et aux activités dramatiques

ACTIVITÉS DE RÉCEPTION - ACTIVITÉS DE PRODUCTION

Dans les *Programmes et instructions*, le théâtre et les activités dramatiques figurent parmi les domaines qui élargissent le champ de l'éducation artistique à l'école. Vous trouverez dans ce chapitre de présentation générale des indications pour clarifier le champ des activités dramatiques et des propositions pour une mise en œuvre concrète en classe.

Très simplement, l'activité dramatique peut naître d'un double mouvement :

- soit l'envie de jouer, de dramatiser est première, et l'activité s'enrichira au contact de représentations théâtrales, de visionnements de spectacles ou de moments de travail présentés par d'autres élèves ;
- soit la découverte d'un spectacle fait surgir l'envie de pratiquer des activités dramatiques et théâtrales à l'école. L'essentiel, pour le maître comme pour les élèves, consiste à aborder le jeu théâtral par une pratique. Ce jeu théâtral pourra prendre, grâce aux situations proposées par le maître, une dimension artistique et culturelle.

FAIRE ET VOIR

Les activités doivent donc s'articuler, autant que possible, autour de cette dualité, en fonction aussi de l'environnement de l'école. Si la réception d'un spectacle par les enfants constitue un point de départ stimulant, les activités d'exploration pratique sont un élément indispensable pour une véritable appropriation personnelle.

L'exploration visera dans un premier temps à faire découvrir aux enfants leurs propres moyens d'expression,

© Petit Format/Pascale Roche

© Colette Masson/Enguerand

leur proposera ensuite un matériau-support (des objets, une image, une situation dramatique, un fragment de texte, un conte) qui induira de leur part une réponse par la mise en jeu. Faisant suite à ces premiers essais, l'apport de quelques éléments techniques — même modestes — est nécessaire pour conduire le groupe vers la théâtralisation, donc vers une maîtrise progressive du langage théâtral.

La réception d'un spectacle peut dans certains cas être préparée afin que les enfants soient en attente. Cette préparation peut concerner plusieurs aspects :

- le rappel du travail de l'acteur : le fait qu'il incarne un personnage, qu'il se métamorphose en un autre que lui-même. Ses états émotionnels, ses sentiments, ses actions appartiennent au personnage : la méchanceté d'un personnage n'est pas celle de l'acteur !

- la prise de conscience que le théâtre rassemble en direct le public et les acteurs dans un échange vivant. Les interactions constantes qui s'établissent entre le spectacle et les spectateurs (émotions, silences, rires, répétitions à fonction comique ou tragique, apostrophes au public...) sont des caractéristiques essentielles du spectacle théâtral. L'intérêt et le plaisir des spectateurs, enfants comme adultes, leur participation aux émotions produites par le spectacle sont donc des éléments qui appartiennent à la qualité d'une représentation.

- l'approche des thèmes abordés par le spectacle, certaines œuvres supposant que l'enfant dispose d'un minimum de références pour apprécier le déroulement de la représentation.

Plus généralement, c'est à l'issue de la représentation (ou du visionnement) que des échanges et des activités pourront être proposées. Il s'agira toujours d'interroger l'œuvre avec une préoccupation artistique, afin d'enrichir le plaisir et d'apporter des informations supplémentaires.

EXPLORATION, DRAMATISATION, THÉÂTRALISATION

Pour ce qui concerne la pratique du jeu théâtral par les enfants, il s'agira sur quelques points précis, de lever toute confusion, la richesse de l'initiation dépendant d'une clarification des objectifs poursuivis.

EXPLORATION

Une série de jeux d'expression (jeux individuels, jeux en groupe), bien qu'empruntés à certaines traditions de l'entraînement de l'acteur, n'ont pas obligatoirement une visée artistique. Ils sont intéressants d'un point de vue pédagogique en ce qu'ils placent les enfants dans des situations d'expression et de communication inhabituelles, permettant d'enrichir les capacités personnelles d'expression de chacun (expression corporelle et orale, relation avec les autres, maîtrise du corps et de la concentration, etc.). Ils constituent généralement une première étape de l'initiation pratique, et souvent la première partie d'une séance.

DRAMATISATION

L'activité dramatique proprement dite consiste à placer des personnages dans une situation fictive et de les faire réagir. Espaces, personnages, situations, invention d'une fiction sont donc les éléments fondamentaux d'une initiation adaptée aux enfants. Les enfants en groupes seront conduits à proposer une réponse jouée dramatiquement à partir de consignes et d'un matériau qui sert de point de départ.

Cette activité — connue sous l'appellation de jeu dramatique — a pour fonction de développer des capacités d'invention, d'imagination, de coopération, d'organisation concertée, d'écoute et de solidarité avec les autres. Elle ne constitue pas le but de l'initiation, mais un moyen fondamental pour faire découvrir de façon active, avec des dispositifs variés, comment on raconte avec des personnages en action.

THÉÂTRALISATION

À l'intérieur des jeux dramatiques ou en parallèle, des éléments du langage théâtral sont découverts et travaillés en prenant en compte le regard extérieur d'un spectateur réel ou « imaginaire ». Une approche artistique — même très modeste — doit aider les enfants à dépasser les formes très conventionnelles d'une théâtralité superficielle et à enrichir leur expérience du jeu.

La représentation théâtrale n'est pas un aboutissement, mais une étape vers la découverte de soi et des autres. Elle ne peut être que modeste, fruit d'essais successifs, de recherches, de comparaisons. En aucun cas une représentation par les enfants ne saurait sacrifier les étapes d'initiation nécessaires. Les essais sont adaptés aux possibilités des enfants, résultant de l'initiation, non son but premier.

PRÉSENTATION ET ORGANISATION DES CHAPITRES

Pour les activités de réception du spectacle théâtral, trois grands domaines d'investigation peuvent être proposés :

1. L'analyse d'un spectacle théâtral (composantes du langage, lumières, son, costumes, etc.).

2. Les étapes d'une création théâtrale (choix du répertoire, répétitions, direction d'acteurs, mise en scène, problèmes techniques, « générale »...).

3. Les différents types de théâtre : théâtres d'acteurs, théâtres masqués, théâtres d'ombres et de marionnettes, théâtres d'objet, théâtre musical...

Pour les activités d'initiation pratique, chaque chapitre se présente comme une série d'activités ordonnées (ou séance) autour de trois temps :

1. Une phase de jeux d'exploration individuelle ou collective, verbale ou non verbale.

2. Une phase d'exploration et d'utilisation d'un matériau-support qui induit une situation dramatique à jouer.

3. Une phase qui approche un élément de la représentation, constituant un mouvement vers la théâtralisation et la découverte du langage artistique.

Dans les débuts de l'initiation, et avec les enfants les plus jeunes, on privilégiera davantage les étapes préparatoires (1 et 2).
Les chapitres comportent des indications précises sur l'organisation, le nombre d'enfants par groupe, les aspects matériels, les types de consignes...
Chaque activité est centrée sur un objectif prédominant, même si la proposition qui est faite suppose souvent la mise en œuvre de plusieurs aspects.
Des variantes accompagnent certaines propositions et des indications supplémentaires guident le maître pour aller plus loin dans sa préparation ou sa réflexion préalable.

Le tableau ci-après montre quelles activités d'initiation pratique peuvent être proposées aux enfants pour chacun des trois temps indiqués.

ACTIVITÉS D'INITIATION PRATIQUE

JEUX D'EXPLORATION				
Jeux sensoriels	**Jeux de motricité**	**Jeux de relation**	**Jeux de fiction**	**Jeux vocaux**
Mémoire sensorielle et affective - les cinq sens - les états émotionnels - exploration de la mémoire affective - exploration de l'imaginaire	jeux corporels - jeux de déplacement - jeux de rythme - jeux autour du geste	jeux de communication : - jeux d'échange et de rencontre avec l'autre, les autres - jeux de confiance	établissement et maintien d'une fiction : - jeux réglés - jeux sur consignes	- jeux sur le souffle, la respiration - jeux sur l'écoute de la voix - transformation vocale
INITIATION À TRAVERS LES ÉLÉMENTS D'UNE SITUATION DRAMATIQUE				
L'espace	**Le personnage**	**L'image, l'objet, le son**	**L'action, l'événement**	**Le texte**
- recréation de lieux familiers aux enfants, repérage des cadrages, utilisation d'un lieu comme point de départ - les espaces imaginaires	- proposition de personnages par les enfants - observation et recherche d'un personnage - rencontres de personnages	- lecture et mise en jeu d'une image - fiction antérieure ou postérieure à l'image - Théâtre-image/Théâtre-machine	- rituels sociaux - rituels quotidiens - rapports et enjeux de pouvoir - exploration de situations de conflit	- dramatique ou non dramatique - un texte ou des fragments de textes - travail sur les ellipses d'un texte

▶▶▶

ACTIVITÉS D'INITIATION PRATIQUE *(suite)*

INITIATION À TRAVERS LES ÉLÉMENTS D'UNE SITUATION DRAMATIQUE				
L'espace	**Le personnage**	**L'image, l'objet, le son**	**L'action, l'événement**	**Le texte**
- espaces clos, espaces ouverts, espaces multiples		- l'objet, trame d'une fiction - l'objet détourné - un univers sonore (enregistré ou créé), point de départ d'une petite fiction	- modification d'une situation	- écriture d'un texte - dire, jouer un texte
DÉCOUVERTE DE DIFFÉRENTS ÉLÉMENTS DU LANGAGE THÉÂTRAL				
L'espace théâtral	**Acteur/Personnage**	**Éléments scéniques**	**Codes et styles**	**Traitement de la fiction**
- différents lieux de représentation - positions du jeu par rapport à un public	- construction et théâtralisation du personnage - signes et costume - maquillage et masques - types de jeu	- éléments plastiques de la représentation - dispositifs/décors - accessoires - formes plastiques, marionnettes, théâtres d'ombres - bruits et éléments sonores	- situation réaliste - jeu burlesque - formes du comique - travail sur le conteur - parole et récit	- choix chronologiques ou non - espace réaliste ou non - intervention d'un narrateur ou non - montage, collage, tableau - texte et dramaturgie (ses modes de fonctionnement)

A. Réception du spectacle théâtral

POUR UNE LECTURE DU SPECTACLE THÉÂTRAL

Entendre parler du théâtre, voir du théâtre, s'émouvoir, s'interroger... Comprendre comment s'organisent les différents éléments d'un spectacle...

Ce chapitre vous propose de partir à la découverte avec vos élèves, que vous ayez ou non un théâtre à votre porte.

En fonction de l'environnement culturel de votre école, de votre propre formation, l'exploitation de ce chapitre sera différente.

Les activités que nous vous proposons sont une invitation : appropriez-vous ces pistes de travail, adaptez-les à votre réalité locale, aux opportunités d'une programmation télévisée, à la présence d'un spectacle vivant que vous ferez découvrir.

Les activités pourront varier de quelques heures (exploration avec les enfants de ce qu'ils perçoivent du fait théâtral) à plusieurs mois (projet d'école, de secteur, classe culturelle-théâtre).

Les trois coups pour commencer[1]

Le théâtre, comme tout art, est d'abord plaisir. Nous chercherons à susciter l'interrogation et la curiosité, à faire naître le désir de voir des spectacles. Dans tous les cas, partons des premières perceptions de l'enfant, de son expérience, de ses propres représentations de ce qu'est « le théâtre ».

Ce que nous viserons pas à pas, c'est à lui donner des éléments de compréhension sur le fonctionnement d'un spectacle. Son jugement esthétique et son intérêt pour

1. Les trois coups frappés par le régisseur de théâtre derrière le rideau rouge sont destinés traditionnellement à attirer l'attention du public. Ils ont, dit-on, des origines religieuses, traduisant la présence de la Trinité : le Père, le Fils et le Saint-Esprit. Le roulement des tambours (12 coups) était, selon les mêmes sources, un hommage aux douze apôtres.

le théâtre ne peuvent naître que dans la confiance, le dialogue et l'échange.

1. LE THÉÂTRE, LA PRESSE ET LA TÉLÉVISION

La réception du théâtre à la télévision se fait dans des conditions particulières qui n'ont que peu de rapports avec le théâtre vivant, se déroulant dans un temps réel devant un public. La réduction à l'écran, les cadrages, l'absence de profondeur de l'image, le traitement de la durée au montage rendent mal compte de l'espace physique et émotionnel propre au théâtre.

Ces conditions particulières étant rappelées, l'étude du théâtre télévisé peut être une source de sensibilisaton intéressante. Voici des pistes possibles :

Ouvrons les magazines.
Vous pouvez regrouper plusieurs magazines TV pour une étude comparée ou la préparation de dossiers sur le théâtre à la télévision : émissions d'information sur le théâtre ; profiter des retransmissions ou diffusions de pièces : « Fauteuil d'orchestre », émissions sur la 3 ou sur *Arte*...

Lors d'une programmation télévisée, quelles sont les différents types d'informations que l'on peut trouver dans les magazines ou dans les émissions précédant la diffusion (interview d'acteur, de metteur en scène, extraits de répétition de la pièce, visite des lieux, reportages, réactions de spectateurs...) ?

Lecture comparée des articles présentant une même pièce dans différents magazines. Y parle-t-on des conditions de production (coût financier, choix des acteurs, du metteur en scène...) ?

La présentation de l'œuvre se fait-elle dans un contexte historique, biographique ?

Les différents résumés privilégient-ils certains aspects ou thèmes de la pièce, ou mettent-ils plutôt en valeur les performances des acteurs ?

Est-il fait mention d'autres mises en scène et interprétations de la même pièce ? En souligne-t-on les différences, voire les oppositions dans le choix artistique ?

Si vous disposez d'un magnétoscope...
L'étude d'extraits d'un spectacle (ouverture, générique, scènes...) permettra d'en préciser les caractéristiques

et de montrer les rituels dominants que sont encore parfois le rideau rouge, les trois coups, les murmures et le silence, la scansion des actes...

Cette première sensibilisation se poursuivra à l'occasion d'autres représentations télévisées, s'enrichira éventuellement de l'étude comparée avec des spectacles de théâtre que les élèves pourront avoir vus.

Dans tous les cas, elle s'appuiera sur une référence commune, la télévision constituant souvent la seule pour beaucoup d'enfants.

2. LE SPECTACLE VIVANT

Aller au spectacle, découvrir un lieu théâtral... Pour cela, vous pourrez préparer les élèves à l'événement ! Voici quelques pistes.

2.1. PRÉPARONS NOTRE SORTIE AU THÉÂTRE

Se préparer à voir un spectacle, c'est d'abord enrichir la qualité d'écoute des enfants et leur disponibilité. Rappeler en fait très simplement la « règle du jeu » dont dépend la qualité de la représentation (*cf.* présentation générale).

C'est aussi avoir une idée de ce que l'on va voir et donc de ce que l'on peut attendre. En fonction du spectacle choisi, vous aurez ou non aidé les enfants à posséder les références indispensables sur la thématique de la pièce, sur la forme de théâtre qu'ils verront, sur le déroulement de l'« histoire »... Sans jamais pour autant éteindre la curiosité ni dévoiler l'essentiel !

Il aura peut-être été possible aussi d'analyser l'affiche, le programme, les dossiers de présentation du spectacle et de faire ainsi quelques hypothèses sur la représentation à venir (nombre d'acteurs, nombre de personnes ayant travaillé à la réalisation...).

Rappelons qu'il est toujours indispensable que l'enseignant ait d'abord vu lui-même le spectacle qu'il propose aux enfants, ou du moins qu'il ait suffisamment d'informations pour préparer, si nécessaire, la découverte que feront les enfants.

2.2. RENCONTRONS, ÉCHANGEONS

Chaque fois que cela sera matériellement possible, avant ou après la représentation, les élèves auront plaisir à rencontrer une troupe de théâtre, occasion d'aborder quelques-uns des points suivants :

- présentation commentée par les professionnels d'éléments matériels et sonores de la représentation accessibles aux enfants ;
- visite du lieu théâtral, de son organisation et de ses fonctions ;
- présentation de la régie-son et de la régie-lumière ;
- visite commentée des espaces scéniques, du plateau technique et de ses différentes parties (cintres, dessous, dégagements, gril...), des espaces réservés aux comédiens (loges, salle de répétition...) ;
- interrogation sur les manières de disposer le public, de l'accueillir selon les différents types de théâtre (théâtre à l'italienne avec ses loges, corbeilles, balcons... ou amphithéâtre moderne, espace-plan uniforme, salle modulable et transformable...) ;
- participation à une répétition, à un « filage », à des réglages techniques, à une séance d'essayage de costumes ou de maquillage (de la personne à l'acteur et de l'acteur au personnage de théâtre...).

En dépit de la diversité régionale, des possibilités de rencontres avec des compagnies sont de plus en plus fréquemment offertes. Elles permettent de renforcer les liens entre l'école et les professionnels du théâtre. Elles peuvent être aussi le point de départ de projets culturels dans l'école et de collaborations[2].

2. Les services culturels des mairies ou les chargés de relations publiques dans les structures culturelles (théâtres, centres dramatiques, scènes nationales, etc.), de même que les services des directions régionales des affaires culturelles (DRAC), peuvent vous donner les informations nécessaires pour prendre contact avec des professionnels à l'occasion d'un spectacle.

3. QUELQUES TERMES UTILISÉS AU THÉÂTRE

1. Les lieux de théâtre
2. L'espace théâtral
3. La machinerie théâtrale
4. Les éléments scéniques et plastiques
5. Les objets et les accessoires
6. Les costumes
7. Le bruitage, la musique et le son
8. La lumière
9. L'acteur, le personnage de théâtre
10. La mise en scène
11. L'action au théâtre
12. Le texte de théâtre

Nous vous proposons quelques précisions sur des termes communément utilisés au théâtre et quelques suggestions pour enrichir le regard des jeunes spectateurs.

Afin de ne pas réduire le plaisir de la réception d'un spectacle et d'en faire un simple objet scolaire, il est souhaitable que vous choisissiez une ou deux entrées privilégiées dans ce chapitre, en vous appuyant pour cela sur les caractéristiques dominantes du spectacle et ce qui aura été le mieux perçu ou le plus surprenant pour les enfants.

Il s'agit en effet d'amener à une connaissance sensible et curieuse destinée à susciter d'autres désirs de rencontre avec le théâtre.

3.1. LES LIEUX DE THÉÂTRE

La représentation se déroule : dans la rue, sur des tréteaux, dans une salle des fêtes, une salle de théâtre à l'italienne, une salle moderne transformable, dans un gymnase, parfois dans la salle de cantine (!)...

Faire prendre conscience aux enfants de l'importance du lieu et ses significations (lieux intimidants ou imposants, lieux conviviaux...).

3.2. L'ESPACE THÉÂTRAL

Les dispositifs de représentation — la relation entre l'espace de jeu et les spectateurs — constituent un élément fondamental de l'intention dramatique.

- Y a-t-il un espace frontal, avec une frontière visible et marquée entre la scène et les spectateurs ? Y a-t-il un autre traitement de cette relation (proximité et intimité, espace de jeu dispersé dans la salle, etc.) ?

- L'espace de jeu figure-t-il un lieu réaliste, imaginaire, abstrait, symbolique ? Est-il clos, ouvert sur un extérieur, figure-t-il une multiplicité de lieux ? L'espace de jeu est-il stable tout au long de la représentation, est-il au contraire évolutif ou transformable ?

- À partir de ces repérages, il est possible ensuite de construire ensemble une ou plusieurs maquettes de l'espace de jeu ou de faire des croquis, des dessins.

3.3. LA MACHINE THÉÂTRALE

Dans un lieu spécifique (théâtre à l'italienne, architecture moderne en hémicycle...) comme dans un lieu aménagé, adapté aux contraintes matérielles d'une représentation théâtrale professionnelle, on fera découvrir avec profit aux enfants tout ce qui appartient au plateau : la **machinerie** souvent dissimulée au spectateur et qui est au service de la représentation.

Les espaces fonctionnels et visibles de la représentation s'articulent sur des lieux invisibles — coulisses, cintres, trappes et trappillons, gril, dégagements et arrière-scène...

Les enfants sont très sensibles à ces aspects techniques, parce qu'ils constituent une approche concrète et sensible de ce que l'on a coutume d'appeler la « magie théâtrale ».

Préciser les termes, découvrir l'origine historique de certaines expressions du théâtre (liées à la batellerie, les théâtres traditionnels en bois ayant beaucoup emprunté à la technicité des chantiers navals...), seront l'occasion d'un travail plus complet. À titre d'exemple, voici le schéma technique d'une scène avec ses principales composantes.

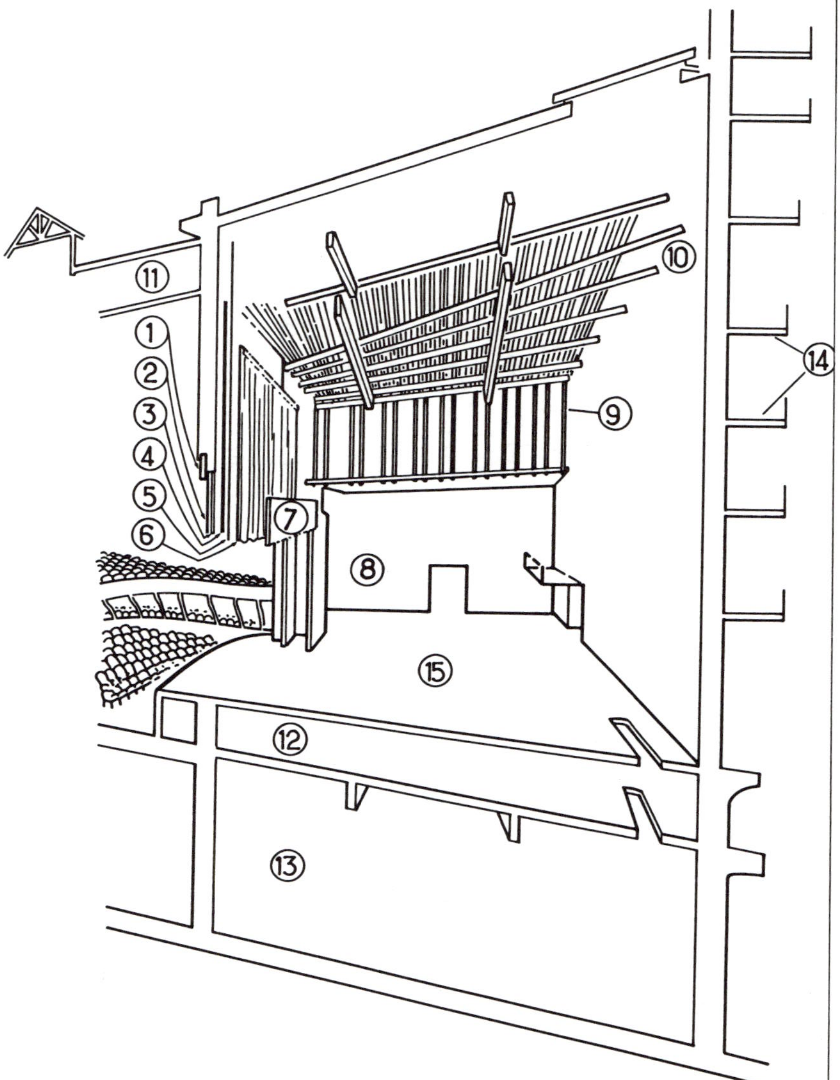

1 Cadre	6 Rideau d'avant-scène	11 Coupole
2 Lambrequin	7 Manteau d'Arlequin	12 1er dessous
3 Coupe-feu + 6 m	8 Draperie	13 2e dessous
4 Rideau de fer	9 Service cintre + 8,20 m	14 Loges
5 Écran cinéma	10 Gril + 13 m	15 Scènes 15,20 × 10,60 m

3.4. LES ÉLÉMENTS SCÉNIQUES ET PLASTIQUES

De plus en plus dans les représentations contemporaines, le décor traditionnel est remplacé par des dispositifs scéniques (construction de plans et de niveaux de jeu). Avec les enfants, on peut retrouver après la pièce :

- les principales caractéristiques du « décor » : matériaux, support, liaisons, tenue au sol, revêtements, couleurs… ;
- le sens que l'on donne aux différents éléments de la scénographie : fonction illustrative, symbolique, métaphorique… (par exemple des éléments scéniques entièrement blancs, pour que le jeu des acteurs et leurs mouvements s'y inscrivent comme sur une page…).

3.5. LES OBJETS ET LES ACCESSOIRES

L'objet (ou l'accessoire de jeu) au théâtre a lui aussi une fonction qui a beaucoup évolué. On doit distinguer au moins trois grandes catégories d'accessoires et d'objets :

- les objets qui appartiennent au décor sont le plus souvent signes d'une époque, d'un milieu. Ils peuvent devenir éléments symboliques ou parodiques ;
- les objets ou accessoires de jeu, extérieurs à l'acteur, qu'il utilise pour construire ou caractériser son personnage. Ils sont le plus souvent signes d'une fonction, d'une époque, d'une action. Le jeu de l'acteur est parfois très lié à l'utilisation concrète d'un objet ou d'un accessoire ;
- l'accessoire peut être constitutif du personnage : c'est le cas du masque au théâtre qui a un statut tout à fait particulier. Le masque est objet spécifiquement théâtral et l'on sait combien la représentation moderne a réexploré la puissance expressive des théâtres masqués (*commedia dell'arte*, traditions orientales notamment).

De même, le maquillage de théâtre, dès lors qu'il métamorphose le visage de l'acteur et accentue l'identité théâtrale du personnage, doit-il être compris comme un véritable accessoire, au même titre que le masque.

Voici quelques pistes d'interrogation avec les enfants :

- repérer le choix qui a été fait au niveau des objets et des accessoires : classer et clarifier leur fonction dominante dans le spectacle ;
- classer les objets et les accessoires propres à un personnage ; sont-ils la marque d'une époque ? d'une fonction ? d'un milieu social ? d'un rôle codé dans la tradition théâtrale (Arlequin, Pantalon…) ? d'une

anaïs

Samantha

intention symbolique ou parodique (par exemple le caractère dérisoire d'un Roi coiffé d'une casserole !) ?

- quels choix ont été faits au niveau des objets : abondance (éléments du décor réaliste parfois encombrants...) ou raréfaction (au profit d'une accentuation de la valeur symbolique : par exemple, un arbre qui s'effeuille de scène en scène pour marquer l'écoulement du temps...) ?

- dans certaines formes de théâtre — théâtre d'objets, théâtre d'ombres — les objets deviennent eux-mêmes de véritables personnages. Repérer en ce cas leur forme, leur volume, leur fonction dans le spectacle.

3.6. LES COSTUMES

Les costumes jouent un rôle capital au théâtre. Le plaisir du déguisement et de la métamorphose pour incarner « l'autre » est essentiel. Avec les enfants on se proposera de repérer quelques aspects fondamentaux :

- le costume est-il signe d'une époque ? d'un métier ? d'une position sociale ? Est-il un élément fondamental de certains rôles codés de la tradition (les grandes robes noires des médecins de Molière, par exemple...) ?

- les matières utilisées pour les costumes veulent-elles traduire la richesse, la pauvreté, la vie quotidienne ?

- les couleurs des costumes ont-elles une valeur symbolique (par exemple, le rouge et le noir pour traduire le caractère belliqueux d'un personnage...) ?

- les costumes ont été conçus en général comme un ensemble signifiant, aussi est-il intéressant de faire remarquer les différents éléments qui les distinguent et qui les opposent (opposition de matière, de couleur...) ;

- certaines mises en scène sont fidèles à une histoire du costume, d'autres au contraire transposent le costume ou l'actualisent parfois avec une volonté d'anachronisme... Il peut être intéressant de faire remarquer ces variations du costume de théâtre.

3.7. LES BRUITAGES, LA MUSIQUE ET LE SON

La part des éléments sonores dans la représentation est souvent intéressante ; on distinguera :

- le bruitage (évocation illustrative de sons de la réalité, plus ou moins déformés ou amplifiés...) ;

- le fond musical ou la musique de scène (souvent utilisés pour donner à une scène une tonalité émotionnelle particulière ou inscrire la pièce dans une époque que la musique suggère...) ;

- les ponctuations rythmiques (par exemple, dans certaines mises en scène inspirées de l'Orient, l'entrée d'un personnage ou un renversement de situation peuvent être indiqués par un jeu rythmique avec des percussions...).

Se demander si la musique et les bruitages sont produits en direct pendant la représentation ou s'il s'agit d'une bande-son pré-enregistrée.

Retrouver les fonctions des musiques et des bruitages au cours du spectacle (ouverture, ponctuation émotionnelle, référence illustrative...).

Faire écouter une bande-son pré-enregistrée avec toutes sortes de bruitages et de musiques diverses, essayer de faire indiquer aux enfants ce que leur suggère ou leur évoque chaque élément sonore entendu.

3.8. LA LUMIÈRE

Grâce aux évolutions technologiques, la lumière au théâtre est depuis quelques années un élément fondamental de la représentation. Elle n'est plus seulement utilitaire (éclairer et faire voir les acteurs...), mais elle participe pleinement à l'émotion et à l'action dramatique.

Un faisceau descendant verticalement (une « douche ») isole un personnage ou un objet, attirant le regard du spectateur. Un éclairage latéral accentue les ombres, découpe violemment une silhouette, renforce une émotion tragique. Des lumières à quartz éclairent progressivement un velum et font monter un jour bleuâtre d'hiver...

Les possibilités d'éclairage sont innombrables et relèvent d'une technique savante où se combinent chaleur de la lumière (« gélatines » et filtres), intensité du « feu », types de lampes et de projecteurs utilisés, réflecteurs et surfaces réverbérantes.

Sous la lumière, les couleurs d'un décor, d'un costume ou d'un visage varient profondément, d'où la nécessité d'un travail d'équipe entre le costumier, le maquilleur, le scénographe et l'éclairagiste !

Avec les enfants, quelques approches concrètes peuvent être suggérées à l'issue d'une représentation ou lors d'une visite technique d'un théâtre équipé.

- D'où viennent les sources de lumière ? Quel rôle joue la lumière au cours de la représentation (par exemple changement d'heure et de saison, changement du climat émotionnel d'une scène ou d'un personnage, etc.) ?
- Qu'a-t-on perçu des relations entre la lumière et les

différents espaces scéniques (zones obscures, espaces mis en valeur, contre-jour, chaleur de la lumière et coloration...) ?

3.9. L'ACTEUR, LE PERSONNAGE DE THÉÂTRE

Le personnage est souvent le protagoniste de l'action et le spectateur entretient avec lui des rapports affectifs parfois forts (identification, rejet, indifférence ou distance critique...).

L'acteur, par son interprétation et sa personne, donne vie à cet être de fiction que l'on appelle le personnage. Démêler ce qui appartient au personnage et à la personne de l'acteur est du plus haut intérêt, mais relativement difficile pour les enfants, tant ils confondent spontanément l'acteur et son personnage !

Essayons de clarifier quelques points :

- Le personnage se distingue des autres par ses actions, sa parole, son statut social, sa fonction dominante dans « l'histoire » que raconte la pièce. Tenter une classification des personnages par un système d'oppositions (le roi/le mendiant, le maître/le valet, le jeune/le vieux...).
- Le personnage est porteur de signes qui l'individualisent plus ou moins : costume, maquillage, accessoires de jeu... Regrouper tous les signes qui cernent objectivement le personnage et établir une sorte de fiche d'identité.
- L'acteur utilise une voix, une gestuelle, des manières de se déplacer qui nuancent l'interprétation. Il montre parfois aussi plusieurs facettes de son personnage, plusieurs états émotionnels : retrouver quelques exemples marquants de l'interprétation perçus par les enfants (par exemple, rythme, agilité, lenteur, etc.).

3.10. LA MISE EN SCÈNE

On sait qu'au XXe siècle, la mise en scène est devenue un art à part entière. Passant de la simple régie technique selon des traditions figées depuis la fin du XIXe siècle, le metteur en scène est devenu une sorte d'auteur du spectacle, imposant son style, sa vision de la pièce, sa marque personnelle.

Son travail ressemble un peu à celui d'un architecte : conception du spectacle, parti pris artistique, direction d'acteurs, coordination des différentes composantes du travail de plateau (régie, lumière, son, scénographie,

© Brigitte Enguerand

costumes, maquillages...), sans compter le travail préparatoire (lectures, prévisions financières, dossier de presse, etc.).

- Pour faire découvrir le rôle particulier du metteur en scène, il semble nécessaire de ménager une rencontre avec les enfants ou de leur permettre d'assister à une répétition...

- Lorsque cela est possible, la projection de quelques diapositives de mises en scène différentes d'une même pièce peut être l'occasion d'aborder un phénomène essentiel du théâtre : le plaisir de l'interprétation, de la variation et d'une vision personnelle.

3.11. L'ACTION AU THÉÂTRE

Une pièce développe une « histoire » (du moins est-ce le cas le plus fréquent) à travers des péripéties et des actions qui opposent les personnages. Au centre de l'action dramatique se trouve le plus souvent la notion de conflit.

L'organisation de la pièce — la **narration** — ne suit pas obligatoirement l'ordre chronologique ou linéaire de l'action principale. D'où une série d'interrogations sur la construction d'une pièce et sur l'action dramatique.

- Y a-t-il une « histoire » principale de la pièce ?
- Quels sont les conflits que l'on a pu repérer, les rapports de pouvoir entre les personnages, l'enjeu des actions et leur évolution ?
- Que peut-on éventuellement imaginer ou supposer de ce qui s'est passé avant que le rideau ne se lève (ou que le spectacle ne commence) ?
- A-t-on pu repérer les grands moments de l'action et leur organisation dans la représentation : série d'actes, de scènes, de tableaux, scènes à l'intérieur d'une scène (construction en abîme), etc. ?
- Des éléments de l'action sont-ils racontés par un conteur, un personnage narrateur qui s'adresse directement au public (construction épique, construction romanesque au théâtre...) ?

3.12. LE TEXTE AU THÉÂTRE

Contrairement à ce que l'on pourrait penser, le texte n'est pas toujours à l'origine du phénomène théâtral (pensons à Molière fixant après coup certaines scènes à partir du travail de la troupe, aux spectacles construits à partir d'improvisations fixées ou inspirées d'un élément plastique ou pictural...).

Toutefois, le théâtre naît souvent d'un texte (une écriture dramatique d'un auteur) ou d'une adaptation pour la scène (le plus souvent puisée dans le grand réservoir des mythes et des récits...).

Il est donc conseillé de distinguer le texte théâtral (constitué des indications nécessaires à la représentation et des paroles dites en scène par les personnages) du « *story-bord* » ou conduite de spectacle qui peut être entièrement une écriture d'indications scéniques et de descriptions techniques. Quelques interrogations peuvent aider à cerner ces différents aspects.

- L'émotion, le plaisir viennent-ils en partie des mots et du langage verbal ?
- Faire repérer la part du texte théâtral dans la représentation : abondant, minimal, quasi-absence de paroles en scène...
- Le texte théâtral appartient-il au répertoire classique (Molière, Labiche...), au répertoire contemporain ? N'a-t-il été écrit par les comédiens ou un membre de la troupe que pour les besoins du spectacle ? Peut-on facilement se procurer le texte ?
- Connaît-on d'autres textes qui peuvent faire écho au texte de la pièce ?

Si l'on peut se procurer un extrait du texte, faire repérer tout ce qui ne sera pas dit en scène par les acteurs (les didascalies) et mesurer leur importance pour la représentation.

- Les paroles des personnages appartiennent-elles toutes au même registre de langue ?
- Appartiennent-elles à une période historique de la langue ? à des parlers régionaux ? à une langue imaginaire ?

BIBLIOGRAPHIE ET INFORMATIONS

Une bibliographie assez complète se trouve dans les numéros de *Textes et Documents pour la classe* :

- TDC n° 478 du 20 avril 1988 « La Création Théâtrale contemporaine » ;
- TDC n° 519 du 17 mai 1989 « Le Théâtre et les Jeunes ».

Pour toute recherche d'informations, s'adresser aux réseaux académiques (CRDP, CDDP, missions à l'action culturelle, directions régionales des affaires culturelles).

Un réseau associatif au niveau régional et national regroupe les enseignants et les professionnels du théâtre qui mènent une activité théâtrale en milieu scolaire.

Renseignements au niveau national :
ANRAT-THÉÂTRE/ÉDUCATION
37, rue Jacob — 75007 Paris — 16 (1) 40.15.94.84.

B. TRAVAIL À PARTIR D'UN OBJET
Activités d'initiation pratique

« TRAVAILLONS DU CHAPEAU... »

Parmi les différents points de départ qui incitent au jeu (un espace, une image, des sons...), l'**objet** a la particularité d'être évocateur et immédiatement manipulable. La démarche proposée est applicable à d'autres objets (un livre, un coffret, une boîte, une chaussure...).

La série de séances proposée repose ici sur **le chapeau**, qui met en confiance l'enfant et sollicite le jeu.

Les trois premières séances sont totalement réalisables en cycle 2 ; elles constituent néanmoins des pistes de recherche et d'initiation pratique pour des enfants plus âgés (cycle 3).

La quatrième permet d'aller plus loin dans les activités dramatiques et propose des prolongements pédagogiques divers.

PREMIÈRE SÉANCE

I. EXPLORATION

- Lieu : une grande salle de préférence (lieu aménagé), sans matériel.
- Jeu collectif dans lequel chacun participe individuellement.

a. Bonjour (jeu de communication)
Les enfants se déplacent en marchant. Les consignes préciseront successivement :
1. Ne pas se voir.
2. Croiser le regard de l'autre.
3. Se dire bonjour en verbalisant ou non.
4. Se dire bonjour avec des intentions (surprise, énervement, joie, tristesse...).

b. Qui sommes-nous ? (jeu de communication)
Disposer les enfants en cercle. La consigne précise qu'individuellement, ceux qui le désirent avancent d'un pas en prononçant leur prénom à leur gré.

c. Conversation (jeu de communication)
Répartir les enfants en deux groupes (A et B) d'égale importance que l'on place face à face à quatre ou cinq mètres d'intervalle.

Un enfant du groupe A avance d'un grand pas et dit un « bonjour » au groupe B, associé à un geste et à une intonation. Ses camarades du groupe A avancent à leur tour et reprennent en chœur ce qui a été dit et fait.

II. DRAMATISATION

Matériel à prévoir : une collection de chapeaux (formes, couleurs et matières différentes) est disposée au sol. Prévoir un chapeau pour deux enfants.

a. Premiers contacts (jeu de perception sensorielle)
Disposer les enfants par groupes de deux. Un joueur de chaque groupe vient choisir un chapeau. À tour de rôle, ils le manipulent librement. Demander de repérer les yeux fermés la forme, la taille, le poids, la texture. Après quelques instants de manipulation, ils l'échangent avec celui d'un groupe voisin.

b. Prête-moi ton chapeau !
Groupes de deux.

Un enfant porte un chapeau, un enfant lui demande de le lui prêter. Le jeu se déroule en quatre phases : demande, résistance, insistance persuasive et acceptation.

c. Mon chapeau a disparu
Groupes de trois.

Répartir les enfants dans l'espace par groupes. Faire disparaître tous les chapeaux pour créer le manque.

Consigne : le chapeau a profité d'une porte ouverte et d'un coup de vent pour s'échapper. Imaginer pourquoi il s'est sauvé et où il est allé. On fait appel à des volontaires pour jouer quelques-unes des propositions. Un enfant joue le rôle du chapeau, un autre celui du vent, un troisième celui du propriétaire.

III. VERS LA THÉÂTRALISATION

(Fabriquer un chapeau)

Matériel : journaux, tissus divers, papier cellophane, kraft, ciseaux, attaches, élastiques...

Répartir les enfants par groupes de deux ou trois. Leur laisser cinq à dix minutes pour réaliser une coiffe. Organiser ensuite un défilé-présentation des productions.

Un exemple de fabrication rapide (par pliage)
Une double page de journal permet d'obtenir très rapidement, par pliage, un chapeau ajusté à la tête d'un enfant. On prend la double page horizontalement. On rabat les deux coins du haut à 45°. On replie en bas, de chaque côté, la partie qui dépasse. C'est le début de la fabrication du bateau : tous les enfants connaissent !

SECONDE SÉANCE

I. EXPLORATION

a. Coup de vent (jeu de motricité)
Jeu collectif, non verbal, sans matériel.

Chaque enfant est un passant coiffé d'un chapeau imaginaire. Il marche dans une rue à grande circulation. À un signal donné, le chapeau s'envole, emporté par un coup de vent. Chaque joueur cherche à le retenir ou à le rattraper, en tenant compte de la circulation.

Variante : même situation, mais dans une forêt touffue, au bord d'une rivière, en montagne...

b. Qu'avez-vous observé ? (jeu de perception visuelle)
Jeu alterné, non verbal.
Aligner six enfants coiffés de chapeaux face à leurs camarades. À un signal donné, ceux qui regardent se retournent pendant que deux joueurs coiffés échangent leurs chapeaux. À un second signal, ceux qui avaient le dos tourné regardent leur camarades et font part des différences observées.
Variante : ne changer qu'un détail du chapeau (relever un bord, le porter différemment, ajouter un élément...).

c. Voici un chapeau (jeu de perception)
Jeu collectif, non verbal.
Disposer le groupe en cercle. Faire circuler un chapeau.
Consigne : préciser la manière de recevoir et de donner le chapeau. Exemple : il est très lourd, très léger, précieux, mystérieux, fragile, sale...

II. DRAMATISATION

Les détectives (jeu de perception visuelle)
Jeu collectif, groupes de trois.

Placer quelques chapeaux dans un certain agencement ; exemple : l'un sur le dossier d'une chaise, l'autre sur le siège, un troisième près d'un pied de la chaise, à l'endroit, le quatrième à l'envers et à quelques mètres. Les enfants observent la disposition et imaginent une courte fiction qui témoigne de ce qui a pu se passer. Ceux qui le désirent présentent ou jouent à leurs camarades leur version des événements.

III. VERS LA THÉÂTRALISATION

Style de jeu : recherche de suspense

Constituer des groupes de quatre à cinq joueurs et donner une consigne du genre : « Monsieur Caoutchouc a disparu de son domicile ou de son bureau. On retrouve un chapeau dont il ne se sépare jamais. Que s'est-il passé ? »

Remarque : on peut insister tout particulièrement sur l'utilisation du silence dans ce « jeu pour faire peur ». Les bruits extérieurs peuvent être intégrés à l'improvisation : moteurs de voitures, chien qui aboie, tic-tac de pendule...

Tout en introduisant un procédé de théâtralisation, ce travail a également l'avantage de mettre l'accent sur l'écoute et sur l'importance de la concentration.

TROISIÈME SÉANCE

I. EXPLORATION

Les trois étapes qui suivent sont des jeux d'exploration de l'imaginaire par détournement d'un objet.

a. Le cerceau

Jeu individuel, alterné et non verbal.

Disposer les enfants assis, en cercle. Placer au milieu un cerceau et inciter ceux qui le souhaitent à venir individuellement jouer avec le cerceau pour en montrer une autre utilisation. Ne pas présenter deux fois la même chose ; exemple : le cerceau devient lune, soleil, bouton, volant de voiture...

b. Le bâton

Mêmes consignes et même dispositif que pour le précédent jeu.

c. Le chapeau

Mêmes consignes.

II. DRAMATISATION

a. Recherche et observation d'un personnage

Constituer deux groupes d'égale importance (jeu

alterné, non verbal). Chaque enfant qui regarde doit se livrer à une observation active de ses camarades qui lui permettra, dans un second temps, de retrouver un personnage lorsqu'il passera à la phase de jeu. Chaque enfant du groupe en jeu essaie un chapeau et cherche une démarche qui lui est associée (un roi, par exemple, ne se déplacera pas comme une dame élégante).

Présenter les personnages à ceux qui regardent. Ménager alors un temps d'échange : discussion, analyse à propos de ce qui a été montré. Ensuite, ceux qui ont regardé deviennent joueurs.

b. Un chapeau pas comme les autres

Groupes de trois. Jeu alterné. Chaque groupe tire au sort une situation précise.

Exemples :
- le chapeau placé sur ma tête devient très lourd ;
- le chapeau me rend très léger ;
- le chapeau refuse de rester sur ma tête ;
- je ne peux enlever mon chapeau.

À cette étape de la progression, il semble possible — pour la préparation de l'improvisation — de fixer quelques règles de structuration :
- définition des personnages (qui est qui ?) ;
- fixer le début de l'histoire ;
- envisager une fin.

III. VERS LA THÉÂTRALISATION

Style de jeu : le burlesque

L'échange avec les enfants a permis de retenir trois ou quatre personnages.

Exemple : un roi, un facteur, une infirmière, une dame élégante.

Matériel : retirer tous les chapeaux. Disposer sur une table un matériel très varié : passoires, casseroles, poubelles, seaux, cartons...

Chaque personnage retenu donnera lieu successivement à une investigation particulière.

Exemple, le roi : trois ou quatre joueurs volontaires essaient de retrouver la démarche particulière du roi puis, à un signal donné, les enfants doivent, en conservant la même démarche, aller choisir leur couronne parmi les accessoires étalés.

Cette proposition a pour but de créer un effet de contraste, de discordance, en brisant ainsi les stéréotypes et en faisant jaillir le burlesque. On procède ainsi avec les autres personnages.

Prolongements
Éventuellement, on peut provoquer des rencontres entre ces personnages burlesques.

Exemple : le roi qui est malade appelle l'infirmière ; le facteur apporte alors un message important : l'infirmière se trompe et fait une piqûre au facteur.

QUATRIÈME SÉANCE

I. EXPLORATION

a. Chapeaux et professions, fonctions et pays (jeu de reconnaissance)
Jeu alterné, groupes de deux.

Diviser les joueurs en deux groupes : les « coiffés » et les « têtes nues ». Les premiers tirent au sort un papier indiquant, par exemple : juge, policier, roi, clown, Chine, Maroc. Les seconds tirent le complément des premiers : accusé, malfaiteur, sujet, spectateur, Chinois, Marocain.

Le jeu fonctionne par paires : un enfant vient et joue un juge ; celui qui a le papier « accusé » doit venir compléter le jeu du premier. Personne au départ ne sait ce que les autres doivent faire.

b. Conversation (exploration de l'imaginaire)
Jeu alterné, individuel, verbal.

À tour de rôle, les joueurs s'adressent à leur chapeau pour lui faire des recommandations, des reproches, ou pour le consoler.
Exemple : pourquoi t'es-tu enfui quand j'ai ouvert la fenêtre ?

c. Au pied de la lettre (exploration de l'imaginaire)
Proposer des expressions qui utilisent le mot *chapeau* de façon imagée (s'assurer au préalable que les enfants les connaissent ou les ont comprises).
Exemples :
- Donner un coup de chapeau.
- Porter le chapeau.
- Travailler du chapeau.
- Démarrer sur les chapeaux de roues.
- En baver des ronds de chapeau...

Proposer de jouer ces expressions en les plaçant dans une situation dramatique.

d. Avez-vous vu ? (jeu avec contrainte)
Sur les paroles et la musique d'une chanson interprétée par Maurice Chevalier : « Avez-vous vu le nouveau chapeau de Zo-Zo ? C'est un chapeau, un chapeau rigo-lo ».

Disposer un paravent (ou toute autre chose pouvant dissimuler le joueur qui se prépare) et placer derrière chapeaux ou matériel insolite (se reporter à « Vers la théâtralisation », séance 3).

Un joueur placé derrière le paravent prépare un chapeau rigolo. Le groupe-spectateurs entonne la ritournelle. Le joueur fait une entrée et prend une position fixe, telle qu'on l'observerait sur une photo.

II. DRAMATISATION

L'objet, trame d'une fiction.

Chapeau, quelle est ton histoire ?
Jeu individuel, alterné, verbal.

À tour de rôle, quelques enfants présentent un chapeau en imaginant tout son passé : par qui il a été confectionné, à qui il a appartenu, ce qui lui est arrivé.

Variante : le chapeau est présenté à des visiteurs imaginaires par un gardien de musée.

Autre variante : le chapeau raconte lui-même sa vie en confiant ses impressions.

Ces jeux de dramatisation mettent l'accent sur les variantes d'énonciation : la même histoire est racontée selon divers points de vue.

L'objet-chapeau sert de trame à une fiction. Ainsi le chapeau peut :
- avoir été utilisé par différents personnages ;
- avoir transformé des personnages ;
- avoir évité des catastrophes en devenant un véritable héros (éteindre un incendie, attraper un oiseau...).

Se reporter à l'album de Tomi Ungerer : « Le Chapeau volant », L'École des Loisirs, 1971.

III. VERS LA THÉÂTRALISATION

Traitement de la fiction
La précédente phase de dramatisation montre qu'au théâtre, divers choix sont possibles pour rendre compte d'une même fiction.

- Un récitant, un narrateur ou une voix off peuvent introduire le récit ou intervenir à des moments précis pour fournir des éléments de compréhension (chronologie, événements hors scène).
- Un personnage peut aussi être récitant à certains moments.
- Un chœur peut commenter le déroulement de l'action.
- Les personnages peuvent se livrer à des apartés ou s'adresser directement au public.

Mise en jeu : on peut reprendre une des histoires imaginées par les enfants. On constitue alors quatre groupes ; chacun d'eux a pour consigne d'introduire dans son jeu un des choix ci-dessus.

Prolongements pédagogiques

Divers supports peuvent être utilisés :

Les textes dramatiques

Dans la thématique « chapeau », il est intéressant d'explorer aussi les textes de théâtre qui ont utilisé cet accessoire.

Exemples :

- « Chez le chapelier », dans « Cabaret satirique » de Karl Valentin, éditions théâtrales, 1981 ;
- Eugène Labiche : « Un chapeau de paille d'Italie ».

Les textes non dramatiques

« Madame Bovary », de Gustave Flaubert : la description du chapeau bizarre de Charles Bovary enfant ;
« Le Chapeau volant », de Tomi Ungerer (Éd. L'École des loisirs) ;
« Disputes et chapeaux », de Yvan Pommeaux (Éd. L'École des loisirs).

Les chansons

- « Le chapeau de Zozo » (déjà cité)
- « J'ai retrouvé mon chapeau », de Guy Béart.

C. TRAVAIL AVEC UN TEXTE : JEU ET DRAMATISATION

Activités d'initiation pratique

« CENDRILLON »

Nous ne proposons pas ici les éléments d'une adaptation théâtrale d'un récit, mais bien plutôt un ensemble d'approches sensibles qui cherchent à jouer avec le texte et ses couleurs émotionnelles.
À titre d'exemple, **un conte** très connu, « **Cendrillon** » des frères Grimm, a été retenu.
Cette démarche est transférable à de nombreux textes (récits, contes, albums, documentaires).
Ces propositions de travail sont plus particulièrement destinées à des élèves de cours moyen (cycle 3).

Objectifs visés :

• sensibilisation préliminaire à un texte par une approche ludique ;

• jeu avec le texte dans un but de dramatisation.

Chacune des séances se déroulera selon la progression déjà précisée :

- jeux d'exploration ;
- jeux de dramatisation ;
- jeux conduisant à la théâtralisation.

PREMIÈRE SÉANCE

I. EXPLORATION

Jeu collectif

Variations de la voix et expressivité

Dans le conte, plusieurs petites formulettes scandent le récit des épreuves de Cendrillon :

> « Les bonnes graines dans le petit pot,
> Les mauvaises dans votre jabot. »
> « Petit arbre, agite-toi et secoue-toi,
> Jette de l'argent et de l'or sur moi. »

Consigne : les enfants peuvent se répartir dans l'espace ou former un cercle. On leur demande alors de faire jouer la voix de différentes façons ;

- voix grave, sourde, profonde (voix d'ours, d'ogre) ;
- voix médium, voix naturelle, calme (narrateur) ;
- voix de tête, aigüe, petite voix (oiseaux).

Après plusieurs essais collectifs, on peut demander aux enfants qui le souhaitent de faire successivement leurs propositions.

On peut utiliser ce passage-ci du conte :

« Alors deux colombes blanches entrèrent par la fenêtre de la cuisine, puis les petites tourterelles, enfin tous les oiseaux du ciel arrivèrent dans un frémissement d'ailes et voletèrent et se posèrent autour des cendres. Et les pigeonneaux penchèrent leurs petites têtes et commencèrent, pic, pic, pic, et les autres s'y mirent aussi, pic, pic, pic, et ramassèrent tous les bons grains dans le plat. »

En sélectionnant plusieurs paramètres, faire varier la lecture collective (prévoir un extrait par enfant).

- Intensité : fort, faible, avec intensification de certaines voyelles ou consonnes.
- Durée : lent, rapide, lent puis rapide, avec variation du débit, avec étirement des mots.
- Hauteur : grave, aigu, médium.
- Rythme : avec détachement de syllabes, syncopé...
- Couleur émotionnelle (douceur, irritation, douleur, joie...).
- Parlers divers : précieux, paysan, à la manière d'un reporter sportif ou d'un présentateur de télévision, etc.
- Association à une déformation de la bouche : les dents serrées, la bouche grande ouverte en zézayant, en parlant du nez, etc.

Remarque :
Au début, les enfants, peu habitués à lire de cette manière, risquent de se déconcentrer. Pourtant il est important de ressentir l'effet produit et de constater qu'il n'y a pas qu'une seule et unique manière de dire un texte (« bien mettre le ton... »).

II. DRAMATISATION

Jeu alterné en groupes de quatre ou cinq.

Introduction d'un événement qui crée **une situation de conflit**.

Exemples :
Conflit familial
Une famille doit prendre son repas, les enfants refusent de mettre ou de débarrasser la table.
Un ou des enfants sont punis injustement.
Au cours d'un repas, il devient complètement impossible de couper le pain...

Consigne :
Les joueurs se concertent par groupes, quelques minutes, pour fixer un rapide canevas.
Ils arrêtent les points de passage obligés, la façon de terminer l'improvisation.

Déroulement :
Chaque groupe joue devant les autres.
On laisse un bref moment d'échange entre les enfants.
On demande aux joueurs si leur improvisation correspond à ce qu'ils avaient décidé, ce qui les a aidés ou gênés dans le jeu. Ensuite, les autres peuvent dire ce qu'ils ont vu et compris, et suggérer des pistes de jeu possible.
Proposer des éléments de reprise allant toujours dans le sens de la proposition des joueurs.

III. VERS LA THÉÂTRALISATION

Mise en jeu de la parole avec contraintes.
Par groupes de trois, en jeu alterné, sans concertation, dans un cadrage (espace délimité) imposé.

La phrase contrainte
Consignes :
Chaque joueur reçoit, confidentiellement, une phrase du texte inscrite sur un papier.

Exemples :
A. Il faut gagner son pain quand on veut manger.
B. Oh ! la fière princesse, qu'elle est bien attifée comme ça.
C. Arbre gentil, agite-toi bien fort !

Un premier joueur entre et propose une action dans une situation donnée.
Un second complète l'action du premier.
Le troisième fait une action qui lui permette de dire sa phrase. Les deux autres joueurs doivent tenter de dire leur phrase à un moment propice du jeu.

Remarque :
Pour cette première séance, le travail a porté sur des extraits du conte choisis par l'enseignant ou le responsable de l'atelier. Le texte intégral ne sera remis qu'au cours de la seconde séance.

SECONDE SÉANCE

Matériel :
Recherche de proverbes ou expressions toutes faites en liaison avec la thématique de « Cendrillon ».
Prévoir un texte du conte par enfant.

I. EXPLORATION

Les tâches ménagères

Jeu non verbal.

Il s'agit d'un jeu de motricité où collectivement les enfants doivent effectuer différentes tâches ménagères.

Tout se passera comme si Cendrillon se trouvait démultipliée en autant de personnages qu'il y a de joueurs.

Exemples :

Mettre la table,	Allumer le feu,
Faire la cuisine,	Refaire les lits,
Faire la lessive,	Laver par terre,
Tirer de l'eau,	etc.

II. DRAMATISATION

Comédies et proverbes

Groupes de quatre ou cinq, jeu alterné, verbal.

Consigne :

Chaque groupe reçoit confidentiellement un proverbe ou une expression toute faite.

Exemples :

Chacun trouve chaussure à son pied.
Un bienfait n'est jamais perdu.
Aide-toi, le ciel t'aidera.
La valeur n'attend pas le nombre des années.
On a souvent besoin d'un plus petit que soi...

À partir de ces expressions, chaque groupe doit imaginer une situation dramatique. Après chaque présentation, ceux qui regardent doivent tenter de deviner l'expression proverbiale qui a servi de point de départ.

III. VERS LA THÉÂTRALISATION

a. Premiers contacts avec le texte (de Grimm)

- soit le maître en fait une lecture au groupe,
- soit le texte a été remis à l'avance aux enfants pour une lecture personnelle,
- soit on propose une lecture silencieuse d'un extrait (1 ou 2 pages).

Tableau vivant

La lecture achevée, l'enseignant répartit les enfants en deux ou trois groupes, demande à chaque groupe de construire un « tableau vivant » correspondant à un passage qui les a particulièrement intéressés. À un signal donné, il peut demander aux « statues » de se mettre en mouvement et d'amorcer un jeu collectif verbal ou non.

Un temps de discussion permettra de mettre en évidence les passages du texte qui ont été privilégiés par les enfants dans une première lecture.

Variante : on peut demander à une « statue » de se mettre en mouvement en fonction de la situation choisie (verbalisation possible).

b. Sélection d'un passage avec unité d'action

Après une seconde lecture, on invite les enfants à jouer un passage de leur choix après fixation d'un canevas (groupes de quatre ou cinq).

Exemple : la première épreuve imposée par la marâtre.

Canevas n° 1 :

- Cendrillon demande à sa belle-mère la permission d'aller au bal.
- Sur l'insistance de Cendrillon, la belle-mère impose le tri des lentilles.
- Cendrillon fait appel aux oiseaux.

Canevas n° 2 :

- Cendrillon a surmonté l'épreuve.
- Nouveau refus de la belle-mère.
- Nouvelle épreuve.
- Nouveau refus...

Remarque :

Les enfants n'ont pas besoin de mémoriser les répliques. Ils peuvent, à tout moment, insérer dans le canevas des événements ou personnages non prévus, mais en cohérence avec le conte.

TROISIÈME SÉANCE

Il s'agit d'un travail d'énonciation et de mise en jeu d'un récit.

I. EXPLORATION

Jeu collectif, verbal, en deux groupes d'égale importance.

a. Les tribus

Deux groupes, face à face, devront dialoguer, en s'identifiant l'un à Cendrillon, l'autre à un élément de la famille qui lui est hostile (marâtre, père ou demi-sœur).

Un joueur s'avance, prononce une phrase. Le reste de son groupe avance à son tour et reprend en chœur la même phrase avec la même information. L'autre groupe répond à son tour.

Exemple :

groupe 1 : « Cendrillon, va faire la vaisselle ! »
groupe 2 : « J'y vais tout de suite » (acceptation) ou « Pourquoi toujours moi ? » (refus, contestation).

b. Les parcours d'intonation (jeu individuel, alterné)

On demande à chaque enfant de choisir dans le texte une courte phrase qu'il écrira sur un morceau de papier.

Ensuite, il devra dire sa phrase selon diverses intonations correspondant aux déplacements.

Tracer une marelle sur le modèle suivant (chaque case représente une intonation à donner) :

SILENCE	INTERROGATION
EXCLAMATION	NÉGATION

• Autres types de parcours
« Le Roi donna une fête qui devait durer trois jours. »
timidité colère tristesse joie

• *Variante plus complexe*
On peut demander aux enfants d'imaginer des transformations grammaticales de leur phrase et des variations correspondant au parcours suivant :
exclamation ordre insistance négation

Par exemple pour
Quelle fête magnifique !
Encore une fête !
Encore trois jours de fête !
La fête va durer trois jours !
Vivent les fêtes !

Chacun des enfants reçoit une phrase inscrite sur un morceau de papier. Il devra la dire en respectant les intonations correspondant à l'endroit où il passe sur la marelle.

II. DRAMATISATION

Autour du texte
Un texte ne décrit pas tout, ne raconte pas tout. Il s'agit donc de proposer des jeux qui construisent des expansions de texte correspondant aux ellipses de la narration.

Inventions de saynètes
Au sujet du bal proposé par le roi, on peut imaginer, par exemple, que :
- Le roi et la reine se mettent à parler de leur fils et de la belle inconnue ? Qui était-elle ?
- Les deux demi-sœurs, de retour à la maison, s'interrogent sur la conduite du roi et sa préférence pour celle qu'il appelle toujours « ma cavalière ».
- Cendrillon, devenue grand-mère, raconte à ses petits-enfants le premier bal et son départ.
- L'un des oiseaux raconte aux autres oiseaux comment, après le bal, Cendrillon trouvait toujours le moyen d'échapper au prince.

Consigne :
Jeu alterné par groupes de quatre à cinq joueurs. On demande à chaque groupe d'imaginer une situation à partir d'un de ces thèmes. Chacun des enfants aura un personnage à tenir. Il est important que les éléments du conte soient réinvestis dans ce jeu.

III. VERS LA THÉÂTRALISATION

Il s'agit de montrer aux enfants diverses possibilités d'énonciation, de faire comprendre le rapport qui existe, d'une part, entre les personnages en situation d'action, et d'autre part, entre le narrateur et ces mêmes personnages. On peut montrer également l'effet produit sur les auditeurs.

C'est la démultiplication d'une réplique qui mettra en lumière ces différentes interactions.

« Je - Tu - Il » : jeu alterné par groupes de trois.

Les pronoms personnels illustreront les différentes énonciations.

Répartir chaque enfant selon une disposition en triangle. L'un est porteur du « Je », l'autre du « Tu » et le dernier du « Il ».

Prendre une phrase du texte. Les porteurs du dialogue auront une intonation et une intention à soutenir.

Exemples :
(Tu) : « Tu n'as pas de robes, pas de chaussures, et tu veux aller danser ? » (phrase du texte)
1. On l'attribue au joueur A.
2. Le joueur B doit la transformer en utilisant « Je » : « je n'ai pas de robes... »).
3. Le joueur C doit transformer la phrase de départ en utilisant « Il » : « elle n'a pas... ».

Chercher toutes les possibilités de mise en jeu d'intention et d'utilisation des regards pour dire les phrases.

QUATRIÈME SÉANCE

I. EXPLORATION

Jeu collectif qui utilise des éléments de costume, en insistant sur la perception et la motricité.

La parure
On peut utiliser, pour stimuler l'imaginaire des enfants, plusieurs extraits inducteurs du texte.

- « Elle était belle dans sa toilette d'or. »
- « Quand, dans cette toilette, elle fit son apparition à la fête, chacun s'extasia sur sa beauté. »
- « Quand elle est arrivée à la fête, dans cette toilette, tous furent interdits d'admiration. »

On note une gradation correspondant à chacune des entrées aux trois fêtes données par le roi.

Préparation
On peut demander aux enfants d'apporter différents tissus, vêtements, accessoires, bijoux, objets qui seront déposés sur une table au moment du jeu (pour des rôles d'homme ou de femme).

Consigne
Chaque enfant doit choisir un ou plusieurs éléments et s'en faire une parure.
Tous circulent dans la salle en essayant de trouver une démarche appropriée à la parure.
Au signal sonore donné, les joueurs se disposent en cercle. Successivement, ceux qui le désirent vont au centre, disent comment ils s'appellent et qui ils sont.

Variante
Le joueur qui est au milieu, après avoir décliné son identité, peut aller saluer un camarade en l'invitant à entrer dans le cercle et à prendre sa place.

II. DRAMATISATION

Jeu alterné par groupes de quatre à cinq.

Cette phase du jeu explorera des situations de conflit sur le thème de l'exclusion, du rejet.

L'intrus (celui ou celle qui dérange)
On demande à chaque groupe d'imaginer une situation concrète où un personnage est en position d'exclusion.

Exemples (autour du personnage de Cendrillon) :
- L'essayage des robes par les sœurs. Cendrillon est exclue de l'essayage.
- Repas de famille. Cendrillon demande la permission d'aller au bal. Refus.
- Le fils du roi propose aux sœurs d'essayer la pantoufle. Cendrillon se présente.

III. THÉÂTRALISATION

Il s'agit d'un jeu alterné en petits groupes sur le chœur. On reprendra l'approche du rythme, de l'intensité abordée dans des séances précédentes, mais pour explorer les différentes manières de dire un texte collectivement.

Le chœur
Les groupes-chœurs représentent les colombes du noisetier. Ils se disposent à divers endroits de l'espace pour

jalonner les passages du prince au moment de l'essayage.

Consigne :
Le chœur devra adapter son intonation, son émotion et ses paroles aux personnages qui se présentent à lui.

Exemple :

- Premier passage, le prince et la première demi-sœur qui s'est coupé un doigt de pied. Le chœur :
« Tour nou touk, tour nou touk,
Sang dans la pantouk,
Le soulier est trop petit,
La vraie fiancée est encore au logis. »

- Deuxième passage, le prince et la seconde demi-sœur qui s'est coupé un morceau de talon.
Le chœur : même ritournelle.

- Troisième passage, le prince et Cendrillon.
« Tour nou touk, tour nou touk,
Pas de sang dans la pantouk,
Le soulier n'est pas trop petit,
C'est la vraie fiancée qu'il mène au logis. »

Les jeux présentés ici ne sont que des amorces permettant d'instaurer un aller et retour entre le jeu et le texte. Et ce n'est que dans une phase ultérieure qu'il est envisageable de proposer une tentative d'adaptation théâtrale du récit.

RÉFÉRENCES BIBLIOGRAPHIQUES

Contes, Grimm, collection « Folio », n° 840, Gallimard.

On peut consulter avec intérêt une adaptation théâtrale de ce conte : Bruno Castan, *La Fille aux oiseaux* (Édition Ges, collection Très Tôt, Paris).

Comme nous l'avons souligné en préambule, cette démarche est transférable à de nombreux textes.

En voici quelques-uns qui ont été l'objet de travaux dans des classes :

- *Ming-lo déplace la montagne*, A. Lobel (L'École des Loisirs)
- *La Grosse Bête de M. Racine*, T. Ungerer (L'École des Loisirs)
- *Pierrot ou les Secrets de la nuit*, M. Tournier (Gallimard)
- *Le Griffon et le Petit Chanteur*, M. Sendak (L'École des Loisirs)
- *Le Théâtre de Corbelle et Corbillo*, Y. Pommeau (L'École des Loisirs)
- *Le Livre des Merveilles*, N. Hawthorn (Bordas)
- *Du commerce de la souris*, P. Serre (« Folio-Cadet », Gallimard)
- *Le Roman de Renart*, adaptation R. Boudet (L'École des Loisirs)
- *Ranelot et Bufolet*, A. Lobel (L'École des Loisirs)
- *La Petite Bête*, R. Boudet (L'École des Loisirs)
- *Le Sac à disparaître*, Rose Mary Wells (« Folio-Benjamin », Gallimard)
- *Sanarin* (« Arc-en-Poche », Nathan)

Annexe I - Programmes et instructions pour l'école élémentaire (1985)*

L'éducation artistique est faite d'un ensemble de disciplines : l'éducation musicale, les arts plastiques, le théâtre et l'expression dramatique, la danse, le cinéma et la photographie, l'architecture. Si l'école privilégie la musique et les arts plastiques comme matières formatrices, elle s'ouvre néanmoins à la diversité des arts, des moyens d'expression et des techniques mises en œuvre. Dans tous les cas, il s'agit de procurer aux enfants le plaisir du geste, de former le goût, de donner accès au patrimoine artistique et culturel, de développer les capacités d'expression et de création.

A. Éducation musicale

1. NATURE ET OBJECTIFS

La musique est le bien de tous. L'école donne à l'enfant l'expérience du beau dans l'œuvre musicale : il maîtrise les possibilités du corps par la danse et le chant ; il s'initie aux instruments et aux signes ; il écoute, analyse et apprend à aimer des œuvres d'époques et de cultures diverses.

*in *Les Cycles à l'école primaire*, CNDP-Hachette Écoles, (1991)

2. INSTRUCTIONS

La pratique du chant constitue l'essentiel de l'éducation musicale à l'école élémentaire. Dès le cours préparatoire, l'enfant apprend des comptines et chansons, développe son attention et sa mémoire. Veillant à la justesse et insistant sur l'expression, le maître respecte la tessiture des voix d'enfants, initie à la polyphonie en enseignant à tenir sa voix malgré un contre-chant, encourage la pratique individuelle et l'improvisation. À l'issue de l'école élémentaire, les élèves détiennent en leur mémoire un répertoire de chants connus et interprétés, et un trésor de souvenirs musicaux.

La présence de nombreux enfants d'origine étrangère oriente le maître vers le choix de chansons appartenant à leur culture ; il prête attention à leurs particularités : étendue vocale, pose de la voix, accentuation.

Le maître utilise les activités rythmiques, les jeux d'écoute et l'audition d'œuvres musicales aussi bien pour susciter le plaisir esthétique que pour faire acquérir les notions musicales de base et développer les aptitudes. Quand l'élève écoute des œuvres, il analyse, sur certains extraits, les éléments thématiques, les changements de mouvement et d'intensité, les détails d'instrumentation, les formes et articulations essentielles.

L'élève reconnaît les instruments de musique, directement si possible ou par l'enregistrement ; il en note les caractéristiques essentielles, il apprend leur classification et leur histoire.
Quelques-unes des grandes figures de la musique (classique, moderne et contemporaine) sont étudiées dans leur vie, leur œuvre et leur époque, en liaison avec l'enseignement de l'histoire (Beethoven, la Révolution française, la *Symphonie héroïque* ; Bessie Smith, l'esclavage des Noirs, le *blues*...).
Il est souhaitable que l'heure hebdomadaire soit fragmentée en plusieurs séquences.
Des concours extérieurs peuvent apporter une aide à l'action du maître, sous sa responsabilité.

3. PROGRAMMES

COURS PRÉPARATOIRE

L'élève se fait attentif, place sa voix, apprend des chansons.

- **Exercices vocaux et corporels**

Rondes, jeux dansés, berceuses et balancements, comptines, formulettes, chansons du folklore.

- **Exercices rythmiques**

Changements de mouvements, appréciation des durées, sens des pulsations régulières et perception du rythme.

- **Activités d'écoute**

- Jeux d'écoute, écoute de sons créés par les élèves (percussions corporelles, créations vocales, usage d'objets sonores et d'instruments).
- Écoute du monde sonore et localisation dans l'espace sonore.
- Écoute de fragments d'œuvres musicales.

COURS ÉLÉMENTAIRE

L'élève apprend à chanter juste, précisément et bien. Il distingue les bruits et les sons, et analyse de courts extraits d'œuvres musicales. Il s'essaie à la création et à l'improvisation.

- Chants simples à une ou à deux voix, exercices collectifs ou individuels.
- Activités corporelles et instrumentales : association de la mélodie, voire de l'harmonie, aux rythmes ; reproduction, avec le corps ou avec des instruments simples, de formules rythmiques présentes dans des chansons ou musiques ; improvisation de formules rythmiques.
- Écoute des productions sonores réalisées par les élèves (acquisition des notions de hauteur, mouvement mélodique, intensité, tempo).
- Écoute d'œuvres musicales de toutes époques, de différents styles et de diverses origines (perception des motifs, phrases, accords, silences).
- Étude élémentaire des signes musicaux usuels.

COURS MOYEN

L'élève connaît et interprète un répertoire de chansons, joue des chants simples sur un instrument de son choix, improvise en développant ses ressources vocales et corporelles. Il écoute des musiques différentes et acquiert le discernement musical.

- Répertoire de chansons et de canons appartenant au patrimoine national et régional, œuvres d'auteurs classiques et contemporains, chœurs parlés, chansons d'autres cultures.
- Accompagnement de chants (souligner une mélodie avec un rythme obstiné ou varié ; la nuancer, la modifier et l'enrichir). Improvisation.
- Pratique instrumentale (instrumentarium, flûte à bec, etc.).
- Écoute de musiques diverses (analyse des notions de registre, tempo, intensité, mouvement mélodique).
- Analyse élémentaire d'extraits musicaux.
- Lecture et écriture musicales (notation usuelle, recours au solfège).

B. Arts plastiques

1. NATURE ET OBJECTIFS

Les arts plastiques donnent à l'élève les moyens de produire et de mettre en relation des formes, des couleurs, des matières : ils font accéder à une perception esthétique de l'univers. Par le dessin, la peinture, la gravure, la sculpture et les techniques nouvelles d'expression, l'élève découvre et affine des moyens d'action sur les matériaux et les objets. D'une façon générale, cet enseignement a pour objet de rendre l'élève conscient de ses possibilités d'expression, de développer chez lui le désir et la capacité de créer, de l'aider à se constituer une première culture artistique.

2. INSTRUCTIONS

L'expression plastique commence lorsque l'élève rencontre la résistance d'une matière et découvre le parti qu'il peut tirer de règles simples.

Le maître amène progressivement l'élève à contrôler son geste (formation des tracés, manipulations diverses, passage du geste à l'écriture).

L'élève apprend à regarder (éducation de l'attention ; perception des formes et des couleurs). Il s'engage ainsi dans un processus de création original et exigeant : éclosion d'un projet novateur ; choix et agencement des formes, des couleurs et des matières ; adoption de techniques et de procédés spécifiques.

Le maître familiarise les élèves avec un petit nombre d'œuvres — voire de chefs-d'œuvre — choisies dans l'ensemble des productions artistiques. Apportant la justification de ses choix, il s'attache à faire distinguer le jugement esthétique de la simple préférence individuelle : il ne laisse pas croire à l'élève qu'à ses yeux tout se vaut.

Le maître fait réaliser un musée de classe (reproductions, diapositives, affiches, maquettes, etc., et réalisations personnelles ou collectives) ; il tire parti des sollicitations des autres disciplines (en particulier les sciences et la technologie, l'histoire et la géographie et, pour ce qui concerne le français, l'expression narrative et poétique) ; il profite de toute occasion d'associer les élèves à la vie artistique locale. Des concours extérieurs peuvent apporter une aide à l'action du maître, sous sa responsabilité.

3. PROGRAMMES

COURS PRÉPARATOIRE

Dans le prolongement de l'école maternelle, l'élève se livre à des découvertes sensorielles, développe son imaginaire et son affectivité, commence à utiliser diverses techniques.

- Action sur des matériaux, sur des supports variés (papier, carton, tissu, bois, pierre), avec différents outils (craie, feutre, ciseaux, brosse).
- Exploration de possibilités techniques (dessin, peinture, réalisations en volume et dans l'espace).
- Empreinte, moulage, impression, trace d'objets naturels ou fabriqués.
- Recherche de signes, de pictogrammes et d'écritures.

COURS ÉLÉMENTAIRE

L'élève s'engage dans des explorations plus systématiques en utilisant des techniques et des procédés mieux maîtrisés.

- Jeux avec les formes, les couleurs et les matières.
- Expression de l'imaginaire : conception et réalisation d'un projet esthétique (transformation d'objets et d'images, animation de la surface par le relief, passage de la représentation en surface à la représentation en volume).
- Présentation des travaux (cadrage).
- Familiarisation progressive avec des images, des objets, des reproductions d'œuvres d'époques, d'origines, de genres et de styles différents.
- Collections individuelles de matériaux, d'objets, d'images constituant le musée personnel de l'élève ou de la classe.

COURS MOYEN

L'élève acquiert des techniques et procédés qui lui permettent d'apprécier des œuvres et d'adopter une démarche créatrice.

- Expérimentation d'opérations plastiques simples sur des images, des objets, des matières.
- Acquisition de techniques (dessin au fusain, au crayon, au feutre ; peinture ; gravure ; modelage ; sculpture) et des procédés correspondants.
- Recherche systématique de mises en scène (montage de documents, séquences photographiques, etc.) en vue de la réalisation d'un projet (décoration murale, aménagement d'une salle ou d'une aire de jeux).
- Analyse d'œuvres de l'histoire de l'art ou de réalisations plastiques modernes (aspect formel, qualité technique, signification, valeur culturelle).
- Représentations de l'espace.
- Constitution du musée de la classe et pratique d'exposition.

Annexe II - Orientations pour l'école maternelle (1986)

Les activités artistiques et esthétiques

L'éducation artistique recouvre des activités de production et des activités de perception qui entretiennent des relations réciproques.

1. Les activités de production artistique
Elles concernent le corps, par lequel l'enfant signifie et exprime (gestes, postures, voix, déguisement, mime, danse). Elles concernent également les créations réalisées à partir de matériaux divers.

Ces activités mettent les enfants au contact de matières diverses, accroissent leurs possibilités sensorielles, permettent l'expression de leur imaginaire ; elles visent aussi la découverte de différentes techniques, le développement de l'imagination créatrice et la connaissance du monde.

Les enfants sont entraînés à comparer leurs productions successives, ou les productions de la classe, et à émettre des jugements sur ces travaux. Ceux-ci font partie du patrimoine de la classe et peuvent donner lieu à des expositions.

2. Les activités de perception esthétique
Elles concernent les arts les plus divers, de toutes les époques et de toutes les cultures : peinture, photographie, chant, musique instrumentale, etc. Les éléments naturels, les objets, les observations de livres font partie de ce fonds à recueillir. L'école maternelle met en présence de belles images, qui font rêver et engendrent d'autres images.

Les considérations d'histoire de l'art, de dates et de références biographiques doivent demeurer étrangères à l'école maternelle. On souligne cependant l'existence d'œuvres provenant de pays dont seraient originaires des enfants de la classe.

Un musée de la classe peut être constitué, sous forme de collections à regarder, à consulter, à compulser par plaisir.

On peut également ménager un contact avec des artistes (plasticiens ou musiciens), la visite de lieux où l'on voit des œuvres ou des artistes (expositions, spectacles), une promenade, aux fins de recueillir des impressions sensorielles, ou de photographier, filmer, etc. On sait, en ce domaine, l'importance des classes de découverte.

Ces activités ont pour but de développer la sensibilité, l'écoute et l'observation de l'enfant et de le familiariser avec les formes d'art les plus variées.

Annexe III - Les compétences d'ordre disciplinaire

Éducation musicale
Cycle 1

L'enfant doit être capable :
- de s'intégrer à des activités musicales collectives ;
- de jouer avec sa voix (parlée, chantée) et d'en explorer les ressources ;
- de se repérer dans l'espace et le temps par des jeux chantés et dansés ;
- d'explorer ses aptitudes motrices dans de premières activités instrumentales ;
- d'être attentif au monde sonore, de discerner et de reconnaître quelques caractéristiques des sons (intensité, timbre, hauteur…) ;
- de percevoir une relation entre activités de production et d'écoute ;
- d'inventer des musiques, des chansons.

Éducation musicale
Cycle 2

L'enfant doit être capable :
- d'interpréter des chansons simples avec précision et expression ;
- de chanter juste, en contrôlant l'intonation par un travail de l'oreille ;
- de participer à des activités instrumentales avec une motricité mieux maîtrisée ;
- d'écouter un document sonore avec plus d'attention, une perception plus fine ;
- de repérer quelques éléments musicaux et de les mémoriser lors d'auditions musicales ;
- d'apprendre à écouter les autres dans des activités de création ;
- de passer d'une pratique musicale collective à un jeu musical individuel en contrôlant son émotivité ;
- de justifier ses jugements de valeur.

Éducation musicale
Cycle 3

L'enfant doit être capable :
- d'interpréter un assez large répertoire (chansons, canons) de mémoire et avec expression ;
- d'accompagner des chansons de façon simple (corps, instruments) ;
- de participer avec aisance à une danse collective ;
- d'analyser l'organisation d'éléments sonores dans leur succession et leur simultanéité ;
- de faire appel à des codages de plus en plus précis, pour aider la mémoire à se structurer ;
- de réinvestir ces acquis pour les mettre en œuvre dans des productions personnelles ou collectives ;
- de reconnaître quelques œuvres musicales.

Arts plastiques
Cycle 1

L'enfant doit être capable :

• d'établir des relations sensorielles et affectives avec les matières ;

• de réaliser une production en fonction d'un désir et notamment :
- d'éprouver les possibilités d'intervention sur les matériaux ;
- d'appliquer une technique (peinture, modelage) ;
- de tirer parti de trouvailles fortuites ;
- de s'exprimer sur une œuvre susceptible de susciter l'imagination ;

• de constater les effets produits.

Arts plastiques
Cycle 2

L'enfant doit être capable :

• de considérer les objets, les images, comme matériaux d'expression ;

• de réaliser une production en fonction d'un désir exprimé et notamment :
- jouer avec les formes, les couleurs, les matières, les objets, les images ;
- adapter une technique par rapport à l'effet escompté ;
- découvrir des procédés d'expression ;
- comparer ses propres démarches et réalisations avec celles des artistes ;

• de justifier ses jugements de valeur.

Arts plastiques
Cycle 3

L'enfant doit être capable ;

• de trouver des idées à réaliser à partir d'objets, d'images, de matières ;

• de réaliser une production en fonction d'une intention et notamment :
- trouver des règles d'organisation des formes, des couleurs, des matières, des objets, des images ;
- choisir une technique en fonction du projet visé ;
- utiliser un procédé d'expression en fonction du but recherché ;
- connaître des aspects de la démarche de l'artiste et se constituer une première culture artistique ;

• de rendre compte de sa propre démarche.

RÉFÉRENCES DES ŒUVRES MUSICALES

■ **H. Fourès**
Mâât (1988)
Voix : Beñat Achiary - Cithare : Patrick Moutal
avec l'aimable autorisation du compositeur, réalisé dans les studios de la Muse en Circuit

■ **A. Drame**
Soko et Také
« Musiques et chants de griots »
© Ethnic/Auvidis - Grands maîtres de la percussion -
Disque Compact B 61 26

■ **I. Xenakis**
Pithoprakta
© A. Leduc - Le Chant du Monde - LDC 278368

■ **M. Davis**
All Blues
King of blues
Avec l'aimable autorisation de Sony Entertainment (France) S.A. -
(Sony 460 603 [2])

■ **J.-S. Bach**
L'offrande musicale
Concertus musicus de Vienne - Direction N. Harnoncourt
Teldec Classics International/WEA - (229 242 748 [2])

■ **L. Ferrari**
Solitude Transit
avec l'aimable autorisation du compositeur, réalisé dans les studios de la Muse en Circuit

■ **B. Parmegiani**
De Natura Sonorum - « Matières induites »
réalisé dans les studios de l'INA-GRM - (AM 714.01)

■ **Cl. Debussy**
Nocturnes pour orchestre - « Fêtes » -Supraphon - N° 1081571 011 H

■ **Cl. Monteverdi**
Vêpres de la Vierge - « Magnificat » - Erato - CD 2292 45446 (2)

■ **L. Berio**
Sinfonia - 3e mouvement - 2e mouvement « O King » -
Erato : CD 2292 45228 (2)

RÉFÉRENCES DES ŒUVRES D'ARTS PLASTIQUES

1 : Jean Dubuffet (1901-1985)
Le Déchiffreur, 1977, acrylique sur papier, 178 × 214 cm
Musée d'Art Moderne, Saint-Étienne,
avec l'accord de la succession Jean Dubuffet, © A.D.A.G.P., Paris/1993

2 : Peter Blake (né en 1932)
Au balcon, 1957, huile sur toile, 121 × 91 cm
Tate Gallery, Londres, avec l'aimable autorisation de l'artiste

3 : Alexandre Isidore Leroy de Barde (1777-1828)
Trompe-l'œil, 1810, aquarelle et gouache, 126 × 90 cm
Musée du Louvre, Paris

4 : Francisco de Goya (1746-1828)
Le Colosse ou la Panique, 1809, huile sur toile, 115 × 105 cm
Musée du Prado, Madrid

5 : Henri Matisse (1869-1954)
La Danse, 1910, huile sur toile, 260 × 389 cm
Musée de l'Ermitage, St-Pétersbourg, © Succession H. Matisse

6 : Sigmar Polke (né en 1941)
Cameleonardo da Willich, 1979, acrylique sur coton damassé, 110 × 205 cm
Musée national d'art moderne, Paris, avec l'aimable autorisation de l'artiste

MAURY-IMPRIMEUR S.A. – 45330 MALESHERBES – N° C93/42059 C
Dépôt légal : 2836-03/93 – N° coll. : 12 – N° Ed. : 01 – 11/5753/6